うまくいっている人の愛し方

ジェリー・ミンチントン

弓場隆 訳

ディスカヴァー
携書
211

はじめに

あなたが自分に対してどういう見方をするかは、恋愛を含めて人生のあらゆる側面に影響をおよぼします。

本書でいう「自尊心」とは、エゴやプライドのことではなく、自分の人間としての価値を認め、自分を大切にする気持ちのことです。

恋愛をするとき、どういう相手を選ぶかを決定するのは、あなたの自尊心です。あなたが選ぶ相手のタイプには、性格や外見だけでなく、信頼性、誠実さ、収入、将来の夢、ふるまいなども含まれます。

自尊心が足りない人は、自分に悪い影響を与える人を選ぶ傾向があります。「自分はいい人と恋愛をするだけの価値がない」と思い込んでいるからです。悲しいことに、そういう人の恋愛は、決してロマンチックなものにはなりません。

それに対し、十分な自尊心を持っている人は、自分にいい影響を与える人を選ぶことができます。「自分はいい人と恋愛をするだけの価値がある」と確信しているからです。

安心してください。自尊心を高める方法はたくさんあります。本書をじっくり読んで研究することも、その方法のひとつです。自尊心を高めれば、人生のすべての側面、とくに恋愛の質を高めることができます。

もしあなたが「自分はいい人と恋愛をするだけの価値がある」という確信が持てずにいるなら、そう確信できるようになるまで待ちましょう。

自尊心を高めることができれば、必ず素晴らしい人が見つかり、いい恋愛をすることができるはずですから。

ジェリー・ミンチントン

うまくいっている人の愛し方　目次

2章　自分にふさわしい愛を見つける

3章　相手といい関係をつくりあげていく

4章　愛を大切にはぐくむ

5章 ずっと愛し合う努力をする

1章

自分と向き合い、人生を変える愛を引き寄せる

1 あなたには、いい恋愛をして、幸せになる資格がある

「予防は治療に勝る」という格言があります。

それを恋愛にあてはめると、過去の失恋の原因を理解すれば、将来の失恋を予防するのに役立つということになります。失恋を悲劇と考えて落ち込むのではなく、人生の質を高めるための機会ととらえましょう。

失恋を繰り返す根本的な原因は何でしょうか？

ひとつは、「自分は男運が悪い」と心の奥底で思い込んでいることです。

これは特殊なケースのように思えるかもしれませんが、意外とよくあります。

この問題に対する最高の解決策は、自尊心を高めることです。

人はみな、自分の自尊心のレベルに合った相手を引き寄せます。

また、いつも同じような人の集まりの中にいるのではありませんか？

周囲の人たちの属性が変わらなければ、新しい恋人を探すときも、それまでと同じ属性の人たちの中から選ぶことになります。

その結果、またしても好ましくない人とかかわりを持つはめになるのです。

人生を変えたいと思うなら、あなた自身が今までと違う人間になる必要があります。

相手に責任をなすりつけているかぎり、自分がいつも同じ属性の異性とかかわりを持ってしまう原因を解決することはできません。

うまくいく愛し方

同じような人とつきあっていても、結果は変わらない。
今までと違う自分になる一歩を踏み出し、人生を変えよう。

2 自尊心を高めてから相手を探す

過去の恋愛が悲しい結末を迎えたことが、心にとらわれているかもしれません。そこから抜け出すことができないうちは、自尊心が高まるまで、次の恋愛をスタートさせるのは、延期したほうがいいでしょう。

自尊心が恋愛とどんな関係があるのか疑問に思うかもしれません。しかし、自尊心は恋愛と大いに関係があるのです。あなたがどういう人に魅きつけられるか、どういう人を魅きつけるかを決定するからです。

さらに、自分が相手からどういう扱いを受けるかを決定し、そのような扱いをする人を引き寄せます。

自尊心を高める方法についての本を読むだけでは十分ではありません。その方法を人生に積極的に取り入れ、応用する必要があります。

自尊心を高めれば、「自分はいい恋愛をする資格がある」と確信できるようになります。その結果、自分にふさわしい相手について、ポジティブなイメージを思い描くことができます。

やがてその相手に出会ったとき、あなたはそれまでと違うふるまいをしていることに気づくでしょう。

なぜなら、そのとき、あなたはすでに別人になっているからです。

では、自尊心を高めるために、自分と向き合う方法を、ひとつずつ説いていきます。

うまくいく愛し方

自尊心を高めれば高めるほど、
素晴らしい人と出会うことができる。

3 失恋を次に生かす

しばらくつづいた恋が終わると、なごりおしくなるのは当然のことです。その恋が自分の存在の重要な一部分だっただけに、それがなくなってしまうと人生がむなしく思えるかもしれません。実際、少なくとも当分のあいだは、それ以外の感情を持つことがほとんどできないでしょう。

そんなとき、あなたは傷心のあまり好ましくない行動をとってしまうおそれがあります。冷静になって自分を取り戻そうとせず、むなしさを埋めるために、すぐさま次の恋をしたくなることでしょう。しかし、それはいけません。自分を見失った状態で新しい恋をしても、なかなかうまくいかないものです。

もっと冷静になって前向きな対応をしましょう。失恋を「悲劇」と考えるのではなく、

「なりたかった自分になるための絶好のチャンス」ととらえるのです。

やりたいと思っていても、相手がいるためにできなかったことをリストアップし、それを実行しましょう。たとえば、趣味の活動のレッスンを受ける、ボランティアをする、新しい友だちに出会うなどといったことです。

うまくいかなかった関係の枠の外に、あなたの知らない世界が広がっています。

そこには新しい人々がたくさんいますし、それまで知らなかった活動や楽しみがいっぱいあります。

「一つの扉が閉まれば別の扉が開く」という格言があります。

失恋したときは、別の扉を開けて、未知の領域に挑戦するチャンスなのです。

うまくいく愛し方

恋を失った悲しみに浸りつづけるのではなく、新しい扉を開く準備をしよう。

4 自尊心の高め方を間違えない

人はみな、自尊心を持って生きたいと思っています。

自尊心をもっと高めたいと思っています。

そのためにいろいろなことをします。

でも、残念ながら、その手段のほとんどは、効果がないどころか、かえって逆効果をもたらすことになってしまっています。

わたしたちは、次の三つの間違いを犯しがちです。

1　だれかに好きになってもらえれば、自分で自分を好きになれると思っている

たしかに人に好かれれば気分がいいでしょう。だからといって、自分で自分を好きになれるとはかぎりません。

2　高価な商品を買って、自分に自信をつけようとする

たしかに高価な商品を手に入れれば、人から一定の評価を得、虚栄心を満たすこともできますし、幸福な気持ちになることもできるでしょう。

けれども、たいていの場合、一時的な効果しかありません。

3　地位や名誉を手に入れれば、自分に誇りが持てると思っている

でも、地位や名誉などというものは外面的な成功にすぎないことだと知っているのは、だれよりもまず、自分自身であることが多いものです。

これらの手段は、あなたに、かりそめの自尊心を与えてくれるだけです。
ほんものの自尊心にはつながりません。
もしほんものの自尊心を手に入れたいのなら、間違った手段を捨てることです。
答えは、これらの手段の外にあります。
外面的な要素に左右されない確固たるものをめざすのです。

うまくいく愛し方
自尊心を高めるために、正しい手段を知ろう。

5 間違ったセルフイメージの殻から抜け出す

子どものころ、周りの大人たちから、「ダメなやつだ」「何をしてもうまくできない」「どうして君だけできないの」などと、手痛く批判されたことはないでしょうか。ときには、大人や年上の子どもが、あなたの無知と経験不足をからかったりしたかもしれません。それに加えて、親でさえも、わが子の将来を案じる親心から、知らず知らずのうちに、あなたに劣等感を植えつけるようなことを言ったりもしてきました。

それは、幸か不幸か、あなただけではありません。みんなそうです。

わたしたちはみな、それをもとに、自分の「セルフイメージ」をつくりあげてきました。その後、十代になると、知識も知恵もついてきますが、それでも、まだ一部の大人や友人たちは、わたしたちを小ばかにしたり、きつい言葉を投げかけてきたりしました。

それもセルフイメージの一部となっているのです。

このようなネガティブな影響をたびたび受けては、わたしたちが貧弱なセルフイメージしか持たなくなるのも当然かもしれません。でも、こんな不幸な状態をいつまでもつづける必要はありません。それは、わたしたちの中にある間違ったイメージなのですから。

あなたはあなたが思っているより、ずっと大きな、有能な存在です。

もしそう思えないとしたら、ただ、あなた自身のセルフイメージが間違っているだけです。そしてそれは、恋愛にも多大な影響を及ぼします。

その間違ったセルフイメージを壊す最適の時期は、今です。

うまくいく愛し方

周りからの評価でつくられたセルフイメージを壊そう。
あなたは、あなたが思っているより、素晴らしい。

6 幸せになることを恐れない

ここで、「幸せになること」について、少し考えていきましょう。
世の中には二種類の人が存在します。
一方は、「幸せになるのはいいことだ」と考える人。
もう一方は、「人生はつらくて苦しみに満ちているものだ」と考える人です。
前者は、幸せな人生を送り、後者は、つらく苦しみに満ちた人生を送ります。

幸せな人と不幸せな人が、同じ状況の下におかれると、正反対の態度をとります。
幸せな人はチャンスに目を向けますが、不幸せな人は障害に目を向けます。
幸せな人は、「どうすればこの状況からいいことを見つけられるか」と考えますが、不幸せな人は、「なぜ、このわたしがこんな目にあわなければならないのだ」と愚痴をこぼします。

幸せな人は、大らかで柔軟性がありますから、人生のさまざまな問題にうまく適応してピンチを乗り切ることができます。

不幸せな人は、せっかく素晴らしいことが起きていても、つねに最悪の事態になることを予想するくせがついているので、そのチャンスを生かすことができません。

これは、人生だけでなく、恋愛においても同じです。

ではどうして、不幸せな人は、幸せな人のように考えようとはしないのでしょうか。

不幸せな人には、幸せな人がなぜ幸せでいられるのか理解できないからです。

幸せな人は陽気なふるまいをすることが多いので、不幸せな人からすると、脳天気で人生のつらく厳しい現実から目を背けているようにしか見えないのです。

でも、少し考えればわかるはずです。

幸せでいるのは、不幸せでいるよりも、はるかにいいということを。

そして、そのために最初に必要なことはただひとつ、「幸せになるのはいいことだ」と考えることです。


不幸な恋愛に慣れてしまっていると、今までとは異なる、幸せな恋愛の兆しを見過ごしがちです。それでは、状況は全く変わりません。

幸せな恋愛をするのは、素晴らしいことだと受け入れましょう。

すべてはそこから始まります。

うまくいく愛し方

自分は幸せな恋愛をするにふさわしいと確信する。

7 幸せな生き方を選ぶ人と不幸せな生き方を選ぶ人

ほとんどの人は、幸せの度合いは、お金や所有物、外見に大きく左右されると思い込んでいます。けれども、よく考えてみれば、必ずしもそうではないことに気づくはずです。

みなが羨む高価な物を自由に買えるお金持ちや、だれをも虜にしてしまうような容姿に恵まれた人が、必ずしも幸せな人生を送り、幸せな恋愛や結婚をしているわけではありません。

それどころか、心の内側はみじめで、心配ばかりしている人が少なくありません。

では、人を幸せにするものとは何でしょうか？

それは人を不幸せにするものと同じ。その人の心の中の思いです。

不幸せになるのは簡単です。

生活の中のいやなことばかり、恋人やパートナーのネガティブな面ばかり、ずっと考えていればいいのです。

幸せになるのも同じです。

生活の中のいいことばかり、恋人やパートナーのポジティブな面ばかり、ずっと考えていればいい。単純なことです。


「わたしが不幸なのはいやなことばかり起こるからだ」と言いたくなるかもしれません。

でも、だれでも毎日、いいこともあれば悪いこともあります。幸せな生き方を選んだからといって、楽しいことばかりが起こるわけではありません。

けれども、幸せな生き方を選んだ人は、毎日いいことを探し求め、それを見つけます。

反対に、不幸せな生き方を選んだ人は、毎日悪いことを探し求め、それを見つけます。
ただ、それだけのことです。

ヘレン・ケラーが言っています。
――顔を太陽に向けましょう。そうすれば、影を見ることはできません。

まだ信じられないでしょうか。
それなら、毎日、いい出来事を五つ以上探してみましょう。
一週間つづけたら、それがほんとうのことであることがわかると思います。

うまくいく愛し方

つねにいいことばかり探し、選びつづけること。
幸せな愛と人生を選び取れる体質になろう。

8 思っていることが現実になる

わたしたちの心の中には、いつもさまざまな思いが浮かんでは消えていきます。あなたはそうした思いを軽く見ているかもしれませんが、実際には、それがあなたの人生の質を決定づけています。

さて、あなたの心の中の思いはポジティブなものですか？それとも、ネガティブなものですか？

あなたが心の中で思っていることは何であれ、現実になります。
もし悪い考えが心の中に巣くっているなら、あなたは邪悪な人間になるでしょう。
もし楽しい思いが心の中を占めているのなら、あなたは陽気な人になるでしょう。

だからもし、自分の人生にポジティブな変化が起こってほしいなら、心をポジティブで楽しい思いでいっぱいにすることです。

心をポジティブにするには、次の四つを行ってみてください。

1　毎日、自分の心の中の思いを点検する

ネガティブな思いに気をつけること。

2　ポジティブな思いを練習する

毎日三十分、意識して、楽しいことを考えましょう。

3　おもしろい本を読み、楽しい映画を観る

4　自分がネガティブな思いにふけっていることに気づいたら、ポジティブな思いで、すぐにそれを打ち消す

ポジティブな思いが浮かんでこないのなら、あらかじめリストを用意して机の前に貼っておき、出かけるときも持って出ましょう。

人の心は庭のようなものです。

ポジティブな思いを植えるたびに、雑草が枯れて花が咲き、ネガティブな思いを植えるたびに、花が枯れて雑草が茂ります。

うまくいく愛し方

いいことも悪いことも、自分の心しだい。
ポジティブな思いで心を満たす努力をし、いい恋愛に挑もう。

9 なぜか悪いことが起こる人の秘密

［お話　その1］

ジョンとアランは同じような家に住み、同じような車を持ち、同じような仕事をし、同じような家庭を持っています。

ところが、二人の人生観は正反対。ジョンは自分が持っていないものについて愚痴を言い、アランは自分が持っているものに感謝しているのです。

ジョンは自分の車が新車ではないことに愚痴を言い、アランは車の性能が信頼できることに感謝しています。

ジョンは子どもの教育費が高いことに愚痴を言い、アランは子どもがいい教育を受けていることに感謝しています。

ジョンは妻の料理に愚痴を言い、アランは妻の料理に感謝しています。

愚痴っぽい人というのは、ほしいものをすべて与えられても、何かにつけて愚痴を言うものです。

［お話　その2］

愚痴っぽい男が結婚しました。妻は腕によりをかけてごちそうをつくりましたが、夫はいつも愚痴を言いました。妻が朝、目玉焼きをつくるとスクランブルエッグを要求し、スクランブルエッグを出すと目玉焼きを要求するといった調子でした。

ある朝、夫に愚痴を言われないよう、妻は二つの卵を用意し、最初の卵をスクランブルエッグに、次の卵を目玉焼きにしました。そして、その両方をテーブルに置いて、夫が喜ぶのを待ちました。

けれども、夫は顔をしかめて、「最初の卵を目玉焼きにして、次の卵をスクランブルエッグにしてくれ！」と言ったのです。

愚痴を言う人が、だれかに、好意を持たれるでしょうか？

答えはノーです。

もし、あなたがつい愚痴を言ってしまうタイプだとしたら、それをやめるのにいい方法は、行動することです。

愚痴をこぼすかわりに、不満に思うことを解決できるよう、行動しましょう。

行動的な人で、愚痴っぽい人はいません。

うまくいく愛し方

つねにネガティブな要素を見つけ出す人は、
長く愛をはぐくむことができない。

10 なぜかいいことが起こる人の秘密

古代ローマの政治家キケロは、「感謝は、すべての美徳の中でもっとも素晴らしいものであるだけでなく、他のすべての美徳の母でもある」と言いました。

感謝の気持ちを持つことは、愚痴を言うことの真逆にあります。

「いやなことが次から次へと起こるのに、何に感謝しろというのか」と言いたくなるかもしれませんが、いやなことはだれの身にも起こります。そのことを嘆き悲しむばかりの人がいる一方で、それを改善しようと努力し、改善できないことはそのまま受け入れる賢明な人もいるのです。

つねに感謝の気持ちをいだく人は、人生に豊かさと満足を見いだし、感謝の気持ちを持たない人は、そこに不足と不満を見いだします。

　ある日、ロバとテナガザルが森の中で出会い、たがいに、「自分は恵まれていない」と嘆きました。ロバはシカのような立派な角がないことに、テナガザルはオナガザルのような長い尻尾がないことに、それぞれ不平をこぼしました。彼らが会話をしていたのは、モグラの家の上でした。二匹の会話を聞いたモグラは、思わずつぶやきました。「オレなんか目が見えないし、年中、じめじめした土の中で暮らしているんだ。あいつらは、自分がいかに恵まれているか、気づいていないんだね」

　感謝の気持ちは、いいことを引き寄せる磁石です。
　感謝することを心がけると、感謝する対象はいくらでも見つかります。

うまくいく愛し方

感謝の気持ちが、豊かな愛と人生を引き寄せる。

11 自分のパターンを知る

「パターン」というのは、一連のお決まりの行動のことです。習慣に似ていますが、それより長期にわたり広範囲におよぶもののことです。

たとえば、恋愛で、わかっていながらいつも同じような破滅的な相手とつきあうことになり、同じような結末を迎える。人間関係で、なぜかいつもやっかいな人と出会い、やっかいな問題に巻き込まれてしまう。勉強や芸術を習おうと思っても、いつもつづかなくなってしまう。仕事なら、同じような理由で転職を繰り返すなど。

一般に、「パターン」は無意識の行動から成り立っています。目の前の状況になんらかの方法で対応すると、あるパターンが形成され、同じような状況になるたびに、そのパターンを繰り返すのです。

習慣と同じように、パターンにも有益なものもあれば、有害なものもあります。もし幸せな人生を送っているなら、現在のパターンは有益なのでしょう。でも、もしいつも同じような間違いを犯して、うまくいかない恋愛を繰り返し、不幸な人生を送っているなら、自分のパターンを見直したほうがいいでしょう。

不運や不幸を繰り返すのは、自分が持っている有害なパターンの結果と考えて間違いありません。

パターンを知るには、親しい友人に教えてもらうのが一番いい方法です。たいていは、自分ではまったく気づかないことも、人の目には正確に見えているものです。間違っていることもありますが、それでも、指摘してくれた相手には感謝しましょう（ただし、相手に頼まれないかぎり、相手の有害なパターンを指摘してはいけません）。

もしそれができないなら、過去数年間に経験した好ましくない出来事をリストアップし、その共通点を自分で探ってみることです。

そして、「どうすればその出来事にあわなくてすんだのだろうか?」と自問します。

その答えがわかれば、新しいパターンを形成することができるでしょう。

うまくいく愛し方

自分のパターンを知り、行動を見直すことで、
恋愛も、結婚も、人生も、違う結果が生まれる。

12 いい恋愛を阻む「内なる批判者」と訣別する

心の中で、「内側から自分を批判する声」を聞くことはありませんか？

きっとだれもがよく、その声を聞いているはずです。

P24でお伝えしたのと同様に、その声の正体は、子どものころから十代後半にいたるまでに、周囲の人から投げかけられた言葉の数々です。

その言葉の一つひとつによって、わたしたちは、自分がダメな人間だと思い込まされてきました。

その言葉の主は、いじめっ子だけではありません。あなたをだれより大切に思っているはずの親や友人だったり、兄弟姉妹や学校の先生といった近しい人たちだったりしました。悪意はなかったとしても、あなたの容姿や行動、成績をバカにしたり、なにか劣っていることを、直接、あるいは暗に指摘したりしました。

もちろん、なかには、敵意をむき出しにして暴言を吐いた人もいたかもしれませんし、親身になってあえてきつい口調で忠告してくれた人もいたでしょう。

それらのネガティブな言葉は、ずっとあなたの頭の片隅にあって、それがことあるごとによみがえっては、あなたを悩ますのです。

――お前はなんてダメな人間だ。
――どうせまた失敗するからやめておけ。
――またバカみたいなことを考えているの？
――あの子はできるけど、あなたはできないでしょう。

内なる批判者は、しつこくあなたを追いかけ、責めたててきます。

そこで、この疫病神を追い払う二つの方法を紹介しましょう。

1　無視する

内なる批判者の声は、過去のものなので、見当違いなものが多いのです。少なくとも、今のあなたにはあてはまりません。無視しましょう。

2　その発言の出所を探る

内なる批判者がなにかを言ってきたら、記憶をたどって、だれがその発言をしたかを探ってみましょう。意外な発見をするかもしれません。

うまくいく愛し方

過去に投げかけられたネガティブな言葉は、無視すること。
今の自分と向き合い、認めることから始めよう。

13 「内なる称賛者」を育てる

内なる批判者から自分を守る最高の方法は、自分を肯定してくれる内なる称賛者を持つことです。

どちらも心の中の存在ですが、内なる称賛者は、あなたを支え、励まし、勇気づけることを言ってくれます。

ほんの少しの時間と筆記具と紙があれば、内なる称賛者を持つことができます。

まず、紙の上に通し番号を打ち、それぞれの横に「自分がうまくできたこと」を書いてください。少しリラックスし、子ども時代の幸せな記憶をたどり、周囲の人に言われたポジティブな言葉を思い出します。

――とても頭がいいね。

――いつもていねいだね。

――やさしいんだね。


これまであなたは、さまざまなほめ言葉をかけられてきたはずです。

信じられないでしょうか。

そうであれば、今すぐ、ささいなものから大きなものまで、すべて紙の上に書き出してみましょう。自分がこれまで、どれほど多くのほめ言葉をかけられてきたかに驚くにちがいありません。


このエクササイズをつづけていくと、自分がかけられてきたほめ言葉が、どんどん思い出されてくるものです。

ある程度、数が集まったら、そのときの状況を心に描きながら、声に出して読んでみましょう。

さらに、最近言われたこと、今日言われたことも書き留めて、あなたのほめ言葉のリストに加えていきましょう。

実際、恋愛や人生がうまくいっている人、いつも自信に満ちているように見える人は、無意識のうちに、この作業をおこなっているのです。

――わたしって素晴らしい！
――今日も、笑顔が最高。

というように。

調子の悪い日や疲れている日、がっかりしている日など、わたしたちの日常には、自分にかけられたネガティブな言葉を思い出すことがあまりにも多いものです。

そんなときこそ、内なる称賛者の励ましの言葉が、あなたを元気づけてくれるでしょう。

うまくいく愛し方

これまで自分にかけられてきたほめ言葉を思い出そう。
自分を称賛し、自分を愛することから始めよう。

14 今の自分に対する不満を捨てる

多くの人は、今の自分に不満をいだいています。

――もっと賢くなりたい。
――もっとかっこよくなりたい。
――もっと才能に恵まれたい。
――もっとお金持ちになりたい。
――もっと学歴がほしい。
――もっと有名になりたい。

そして、自分が持っている弱点のために、人前で居心地の悪さを感じるのです。
けれども、その状況は変えることができるし、変えるべきです。
その六つの方法を紹介しましょう。

1　現在の自分をあるがままに受け入れること

あなたは完全ではありませんが、それはほかの人も同じことです。不完全であってもかまわないのです。

2　自分を他人と比べないこと

人より優れているところもあれば、劣っているところもあります。いずれにしろ、そんなことには意味がありません。

3　自分がもっとも快適に感じる服装をする

流行に振り回されたり、他人の真似をしたりする必要はありません。

4　たとえ間違いを犯しても、自分を責めない

間違いはだれでもするものです。ただし、同じ間違いを繰り返してはいけません。

5　自分も含めてすべての人が尊敬に値する存在であることを理解する

他人を尊敬するだけでなく、自分を尊敬することが大切です。

6　冷静かつ論理的に考える習慣を身につける

ほとんどの人がそういう習慣を身につけていませんが、冷静かつ論理的に考えれば、多くの問題は解決できます。

自分を受け入れるというのは、自分を磨く必要がないという意味ではありません。それどころか、つねに自分を磨くことが必要です。そうすることによって、素晴らしい恋愛のチャンスを招き寄せることができます。

うまくいく愛し方

人生を変える愛を手にするために、
あるがままの自分を素直に受け入れることから始めよう。

2章　自分にふさわしい愛を見つける

15 自分にとって最高の相手を見つける

わたしたちは恋人やパートナーとなる人に、どのような資質を期待できるでしょうか？

その一部を紹介しましょう。

▼あるがままの自分を受け入れてくれる
▼正直で信頼できる
▼支えてくれる
▼対等のパートナーとして扱ってくれる
▼あなたの最大の利益を考えてくれる

▼敬意を持って接してくれる
▼才能を発揮するのを手伝ってくれる
▼暴言を吐いたり暴力をふるったりしない
▼人間的成長をうながしてくれる

相手との関係についてじっくり考えましょう。円満な関係を築くためには、二人が対等であることが大切です。そして、自分にとってできるだけ最高の相手を見つける必要があります。

うまくいく愛し方

今の自分に合う人を見つけること。
ふさわしくない相手との恋愛は始めない覚悟を持とう。

16 完璧な恋人を求めない

あなたは完璧な恋人を探し求めていませんか？

実際、多くの人が完璧な恋人を探し求め、その条件を心の中でリストアップしています。それをすべて満たしている人を見つければ、素敵な関係を築いてずっと幸せに暮らしていけると思っているのでしょう。

たしかに、それは素晴らしいシナリオです。

しかし、あなたが恋人に求める多種多様な条件をすべて満たしている人は、はたしてこの世に存在するでしょうか？

おそらく、答えはノーです。

実在しないであろう完璧な恋人を探し求めて時間を浪費し、人生を棒に振ってはいけません。

あなたはもっと現実に目を向ける必要があります。

では、どうすればいいのでしょうか？

恋人に求める最低限の条件をいくつかに絞り、それを満たしている人を探せばいいのです。

完璧ではなくても、あなたが素敵だと思える部分を持っている人を見つけたら、その人を受け入れましょう。実際、ほとんどの人がそうして幸せをつかんでいます。

うまくいく愛し方

いくつかの希望条件にかなう相手が見つかるだけでも、幸運だととらえる。

17 親友になれる相手を選ぶ

恋人を探すときは、いい恋人であるだけでなく、親友にもなれる人を選びましょう。

「恋人になれば親友になれる」と思いがちですが、そうとはかぎりません。

一般にわたしたちは、恋人としてふさわしいかどうかという観点だけで相手を判断します。しかし、相手と親友になれるかどうかのほうが、はるかに重要なのです。

親友になれる条件とは何でしょうか？　基本的にそれは、同性間の友情と同じです。

▼あるがままのあなたを受け入れてくれる
▼あなたといっしょに楽しく過ごすことができる
▼あなたが悩んでいるときに心の支えになってくれる

▼あなたの最大の利益を考慮してくれる
▼あなたに敬意を持って接してくれる
▼あなたに対して誠実である

新しい恋が始まると、その素晴らしい感情が永遠につづくと思いがちです。しかし、現実にはなかなかそうはいきません。純粋な恋愛期間はせいぜい一年くらいでしょう。

では、そのあとはどうなるのでしょうか？　一部のカップルはいずれ破局を迎え、別離にいたります。それに対し、親友になれる人を選んだカップルは、ますますきずなを深めて愛をはぐくむことができるのです。

うまくいく愛し方

一時の恋愛感情が落ち着いても、
信頼関係をはぐくむことができる人を選ぶ。

18 恋に恋している人を避ける

恋に落ちるのは、素晴らしいことです。

新しい関係がスタートすると、気分が高揚してワクワクするものです。と同時に、心が平和になり、この上ない幸福感にひたることができます。

そんなとき、この幸せが永遠につづくように思えるでしょう。

しかし、そのような気分の高揚がいつまでもつづくわけではありません。遅かれ早かれ、新鮮さは薄れ、興奮は冷めるからです。この時点で、長期的な関係を築くことを真剣に考えている人は、愛情の基盤が固まったと確信します。それに対し、恋に恋している人は、ふたたびスリルと興奮を味わうために新しい恋人を探し求めます。

けれども、それは、決して意地悪でも不誠実でもないのです。それどころか、恋に落ちるときは、本人はかなり真剣なのです。こういう人にとって、恋は、一種の中毒といってもいいでしょう。

恋愛遍歴の多い人とかかわりを持つとき、あなたは相手の関心が一時的なものかもしれないと気づく必要があります。一般に、相手が今までつきあってきた恋人の数が多ければ多いほど、あなたもその一人になりやすいのです。

一部の人は相手の恋愛遍歴の多さを知っていても、その人とかかわりを持つことを選びます。おたがいにぴったり波長が合うので、二人の恋がそれまでのジンクスを破って永遠につづくと確信しているからです。しかし現実には、ジンクスを破れない可能性のほうが高いことを肝に銘じておく必要があります。

うまくいく愛し方

恋多き人の情熱を信じすぎないこと。
恋の嵐に巻きこまれて、冷静さを失わないようにしよう。

19 外見にとらわれない

自分が恋愛をしている姿を想像するとき、ほとんどの人は魅力的な外見の相手に寄り添ってほほ笑んでいる姿を思い浮かべます。

たしかに、それは人として、ごく自然な願望です。

けれども、あまりにも外見を重視しすぎると、恋愛をするうえで欠かせない内面的な要素をないがしろにしてしまうおそれがあります。

ほとんどの場合、見た目のよさに重点をおいた恋愛は、もっとも早く破局を迎えます。正直さ、相性、親切心、思いやり、信頼性、愛情といった内面的な要素が十分に考慮されておらず、表面的な関係におちいりやすいからです。

見た目のよさは、それ自体にはあまり価値がありません。

ハンサムな男性や美しい女性と恋愛をしたいと思うことは、なんら間違っていません。しかし、その人が、あなたといい関係を築くために欠かせない内面的な要素をあわせ持っているかどうかは、別問題なのです。

うまくいく愛し方

長くつづくいい恋愛をするためには、まず相手の内面の要素を熟慮する。

20 恋を性急に進める前にまず相手と親しくなる

おたがいをよく知る前に、恋愛を始めてしまうことが、しばしばあります。外見的な魅力や情欲、強い感情のために相手に惚れ込み、一気に親密な関係になるのです。二人の暗黙の合意は、「愛さえあれば、どんな問題でもたちまち解決できる」という非現実的な考え方にもとづいています。

けれども、急いで恋愛をすると、あとになって「不幸」と「ストレス」という代償を支払うことになります。

まるで自動車展示場に行って一番かっこいいクルマを見つけると、大きさや燃費、収納スペース、性能などを考慮せずに即購入してしまうようなものです。結局、その代償があまりにも高くつくことを、あとで痛感するはめになります。

急いで始めた恋愛がうまくいき、その後、ずっと幸せに暮らすということも、決してないわけではありません。

しかし、その確率はどれくらいでしょうか？

いったん二人がおたがいの違いの多さに気づいたら、その次に迎える局面はたいてい別離です。

うまくいく愛し方

急ぎすぎる恋や結婚の代償は大きい。

21 ありのままの自分を見せる

だれかを好きになると、その人にも自分のことを好きになってもらいたいと、だれもが願います。そして、そのとき、相手に好印象を与えようとするあまり、よくある間違いを犯します。

それは、ふだんよりいい格好、いい行動、いいマナーを見せることです。

なぜそれが間違いなのかというと、それは、「おとり商法」と同じだからです。

おとり商法というのは、存在しない安価な商品で客を引き寄せて、客が現れると「それは売り切れました」とうそをついて高価な商品を売りつけることです。

もしあなたが、自分を実際以上に見せて、だれかとつきあおうとするなら、それが、恋愛であれ、社交であれ、仕事であれ、一種の詐欺であり、不誠実な行為だということを自覚しなければなりません。

いずれにしろ、最後までだましとおす覚悟がないかぎり、あなたが隠そうとしているものはやがて表に出てきます。

そのとき、不幸な結末があなたを待ち受けています。

失望、怒り、憎しみ、非難、別れ、離婚などです。

でも、安心してください。この問題を解決するいい方法があります。

ひとつは、自分が隠そうとしている欠点を直すことです。だれかを好きになったら、その人にこう思われたいという人間になるために最善を尽くすのです。

そして、もうひとつは、ありのままの自分を相手に見てもらうこと。正直は最善の策です。でも、この場合も、開き直ったりしないで、つねに自分を磨きつづけたいものです。

そのときそのときのありのままの自分を相手に見てもらいながら、自分を磨きつづける——それがもっとも意味のある生き方です。

うまくいく愛し方

隠しても、いずれぼろが出てしまうもの。
出会った瞬間から、正直に、ほんとうの自分を見せよう。

22 自意識過剰にならない

わたしたちの問題は、人からどう思われているかを気にしすぎることです。

「服装はどうか？」

「太っていないか？」

「バカだと思われていないか？」

周囲の人に認められ、好意を持ってもらえるかどうかという思いが、たえず心の奥底にくすぶりつづけ、自意識過剰になってしまっています。


たしかに、人から認められることは必要です。

でも、ここで大切なのは、だれに認められるかということです。

すべての人に認められる必要はないはずです。

上司や教師や家族など、認めてもらえなければ生活に支障をきたす人の承認はやっぱり得るべきでしょう。しかし、それ以外の人の承認は不可欠なものではありません。せいぜいが、ないよりはあったほうがいいという程度のものです。

でも、ほんとうのところ、わたしたちに一番必要なのは、自分で自分を認めることです。それがないから、その穴埋めをするために、他者から認められようとするのです。

つまり、これは自尊心の問題です。

自尊心について、いくつかのことを指摘しておきましょう。

1　自分の自尊心が十分であれば、他者の承認を求める必要は少なくなる

2　だれかに好かれることより、自分が自分を好きになることが大切である

3　だれかに認めてもらおうとすると、いつも心が落ち着かず不安になる

他者の承認を求めることは（たとえ、それが親であっても）、得るものは少なく、失うものが大きすぎます。

世界中のだれも認めてくれないとしても、自分で自分を認めることができれば、あなたの人生は豊かで穏やかなものになるでしょう。

うまくいく愛し方

相手から好かれるより、まず自分を好きになること。
ありのままの自分で生きよう。

23 たったひとりの人に認められればいいと考える

わたしたちは、ときに、「人からどう思われるか、考えてごらんなさい」と言われてきました。

感受性の豊かな子ども時代、その教えは強く脳裏に焼きつけられ、そうして、わたしたちはみな、周囲の目を気にする大人へと成長してきました。

でも、人がどう思うか、言いかえれば、人に認めてもらうということは、それほど大切なことなのでしょうか？

ここで、五つの原則をあげておきましょう。

1　自分にとって大切な人にだけ承認してもらえればいい

極端に言えば、生活に支障をきたさないかぎり、それ以外の人に承認してもらう必要はないはずです。

2　人に認められないからといって、あなたの価値が下がるわけではない

3　だれからも好かれる必要はないし、いずれにしてもそれは不可能

どれだけ努力しても、好いてくれない人は必ず現れます。そして当然のことながら、たとえあなたのことを好きでない人がいても、あなたは快適に生きていけるのです。

4　あなたも、すべての人を好きになる必要はない

世の中には実にいろいろな人がいて、その中には、あなたが好きになるだけの価値がない人もいるのです。

5　自分の気分を人任せにしてはいけない

人に承認してもらってはじめて気分よく生きていけるとすると、人の顔色ばかりうかがわなければならなくなります。

人に認めてもらおうとするのではなく、自分で自分を認めること。そのほうがずっと大切です。

あなたがもっとも必要としているのは、あなた自身による承認です。

うまくいく愛し方

まず、自分で自分を認めよう。
すべての人に認められる必要はない。
自分が価値をおく人からの愛を、大切にすればいい。

恋をして失恋するほうが、
一度も恋をしないよりもましである。

テニソン（イギリスの詩人）

おたがいに違っていても
愛してくれる人ではなく、
おたがいに違っているからこそ
愛してくれる人を見つけよう。
そうすれば、
あなたは生涯の伴侶を得たことになる。

レオ・バスカーリア（アメリカの作家）

3章

相手といい関係を
つくりあげていく

24
愛をはぐくむ努力をする

恋に落ち、想いが成就すると、夢がかなって人生がバラ色になったように感じます。しかし、それはどれくらい現実味があるでしょうか？

たしかに、恋をすると素晴らしい日々を送ることができます。けれども、どれほど相手を愛していても、ときにはいやな思いをすることもある、ということを知っておかなければなりません。

愛の強さが大切になるのは、まさにそういうときです。二人が深く愛し合っているなら、どんなにつらいことがあっても乗り越えることができます。

自分が愛されていることを知っていれば、それが励みになって、困難に打ち克つ勇気を持つことができるのです。愛があれば相手の人生を快適にすることができますし、相手も同じことをしてくれます。

愛をはぐくみながら、一生懸命に努力しましょう。

そうすれば、人生の荒波にもまれるたびにきずなはますます深くなり、おたがいの最高の資質を引き出すことができます。

うまくいく愛し方

今、愛し合っていることの喜びを感じよう。

二人の愛の強さを信じて、関係を深めよう。

25 自分らしい恋愛をするための六つの条件

うまくいく恋愛とうまくいかない恋愛があるのは、いったいなぜでしょうか？
いい関係を築くためには、二人が次の六つの条件を満たす必要があります。

1　相手の目標を大切にしている
2　相手に誠意を尽くし、おたがいが対等である
3　共通のルールにもとづいて行動している
4　相手を尊敬し信頼している
5　自分らしくいられる
6　同じ倫理観と価値観を持っている

さらに付け加えると、同じ経歴や共通の趣味を持っていれば、よりいっそうきずなが深まります。とはいえ、それは必ずしも不可欠な要素というわけではありません。

以上の条件を満たせば満たすほど、二人のきずなは深まり、おたがいがますます成長していくことができます。

うまくいく愛し方

二人の愛を深めるためにできることは何か、つねに意識しよう。

26 相手の気持ちや状況を理解する

あなたは、恋人やパートナーに共感することができますか？

共感とは、自分の心の中に相手の感情や状況を再現する能力のことです。

相手の気持ちを自分のことのように理解できる能力です。

それがあれば、あなたはだれかのよりよいパートナーになることができます。

人生経験が豊富なほど、共感できる人や状況が広がることは事実です。

けれども、それほどの人生経験がないとしても、想像力を働かせて相手の立場に立って考えてみることはできます。

つらいかもしれませんが、これまでの人生で、自分を傷つけた人のことを思い浮かべて、次の三つの質問に答えてみてください。
自分を傷つけた人とそのときの状況について、理解を深めることができると思います。

1　その人がそのような行動をとるにいたった背景は何だと思いますか？
2　その人が恐れているのは何だと思いますか？
3　その人はあなたを人として扱っていましたか？　物として扱っていましたか？

――すべてを理解することは、すべてを許すことである。
この古い格言は真理です。

相手の気持ちや状況を理解することは、あなたの恋愛関係や結婚生活をよりよいものにするだけではありません。それは、遠い国の人を思いやることにもつながります。

あなたひとりがそれができるようになったからといって、世の中の問題をすべて解決できるわけではありませんが、あなたのような人が増えることによって、世界の問題のかなり多くを解決できることはたしかです。

うまくいく愛し方

なぜ、これをしたのか？
なぜ、このように言ったのか？
相手に対して想像力を働かせよう。

27 相手ではなくて、自分を変える

この世で一番むずかしいのは、自分の思いどおりに人を変えることでしょう。

たとえば、恋人が身だしなみに無頓着だとします。そこであなたは、「もっと身だしなみに気を配ったらどうなの？」と言います。

この場合、あなたの要求には、二つの前提があるはずです。

まず、自分は恋人の身だしなみがどうあるべきかを知っているという前提。

次に、親切にも自分はそれを本人に指摘したのだから、本人は喜んでその指摘に従うべきだという前提。

では、相手は、どのように対応するでしょうか？

1　ほんの少しなら要求を受け入れるかもしれない
2　あなたの要求を自分の容姿に対する個人攻撃と受けとる
3　個人の自由だからほうっておいてほしいと反発する
4　身だしなみについて自分に意見する権利はあなたにはないとつっぱねる

あなたには、二つの選択肢があります。

まず、相手に「報酬」を与えて、自分の思いどおりに相手を動かすことです。報酬といっても、物やお金ではありません。相手があなたの要求に応じるのと引き換えに、あなたも相手の要求に応じるということです。

双方の意見が一致すれば、おたがいに幸せになれるでしょう。

もうひとつの選択は、相手ではなく、自分を変えることです。

実は、わたしたちにはこれしか選択肢はありません。

現実を直視しましょう。

たいていの人は自分の何かを変えるよう人から言われると、侮辱されたように感じます。それが髪型ひとつ、口癖ひとつ、持ち物ひとつであったとしても。

ましてや、考え方や生き方となると、自分のすべてを否定されたように感じます。

あなたの要求と相手の嫌悪感がぶつかり合うと、恋愛関係はくずれます。

もし、相手との関係をつづけていくうえで、どうしても、相手が変わることが必要だと感じたら、相手を変えようとする前に、あなた自身を変えることです。

うまくいく愛し方

人は変えられないし、変わらない。
相手を変えるより、自分が変わるほうがずっと効率的である。

28 相手の行動を変える前提で交際を開始しない

相手の行動を変えるつもりで交際を始めてはいけません。

それなのに、一部の人は「恋愛関係になれば相手の行動を変える権利を得た」と勘違いするようです。

知り合ってしばらくすると、相手のいやな部分に気がつきます。たとえば、偏った食習慣、乱暴な言葉づかい、だらしない服装など、あげればきりがありません。

しかし、親密な関係になるまで我慢して黙っています。そして、いよいよその時期が来たと思うと、相手の行動を変える計画に着手します。

けれども、相手の行動を変える適切な時期というのは実際にはありません。相手の行動について気に入らないことがあるなら、選択肢は四つあります。

1　そういう行動をしない人を探す
2　その行動を我慢しつづける
3　相手の行動を気にしないように自分を変える
4　相手が行動を改めるのと引き換えに自分も行動を改める

相手がどんな行動をするかに関係なく、わたしたちは自分が選んだ相手を無条件に愛するべきです。いくら行動を変えようとしても、相手はわたしたちの思いどおりにはなかなか行動してくれません。

うまくいく愛し方

「自分なら相手の行動を変えられる」と思わない。
ありのままの相手を愛そう。

29 既成の恋愛観を捨て、現実を見る

あなたは、恋愛に何を期待していますか？

わたしたちは恋愛をする年ごろになるずっと前から、恋愛のイメージをつくり始めています。けれども残念ながら、そのイメージの大部分は映画やドラマ、流行歌、恋愛小説などにもとづいているのが実情です。たしかにそれらの情報源には娯楽性がありエキサイティングなのですが、現実味に欠けることが少なくありません。

悲しいことに、わたしたちがそのことに気づくのは、恋愛をしてからであることが多いのです。実際に恋愛をしてみると、想像すらしていなかった状況に遭遇し、考えたこともないような行動をとることになります。それまでにつくりあげていた恋愛のイメージは空想にすぎないことがわかり、過酷な現実にとって代わられます。

なぜこんなことになってしまうのでしょうか？　原因は二つあります。

1　おたがいがいだいている恋愛のイメージが大きく食い違っている

2　恋愛のイメージをつくりあげるときに現実を十分に考慮していない

では、どうすれば現実的な恋愛のイメージをつくりあげることができるでしょうか？

答えは簡単。現実をよく見て学べばいいのです。

恋愛関係にあるさまざまなカップルを観察し、その人たちが何について語らい、どういう行動をしているかに注目して参考にしましょう。

うまくいく愛し方

おたがいの恋愛観が異なるのは当たり前。
今の二人に合う関係性をつくりあげよう。

30 相手に合わせて自分の恋愛観を調整する

交際を始めるときには、ひとつ、心の準備をする必要があります。それは、あなたにとって非常に困難なことかもしれません。

その準備とは、さまざまなタイミングで相手に歩み寄れるよう、自分の恋愛観を調整できるようにしておくことです。

人はみな、「恋愛はこうあるべきだ」というオリジナルの恋愛観を持っています。たとえば、つきあい方、接し方、ふるまい方などについて、自分のいだいているイメージがあるかもしれません。

ところが、おたがいのいだく恋愛のイメージが異なることも多いので、すれ違いが生じる場面にしばしば直面します。

そのため、おたがいが妥協する能力は、安定した関係を築くうえで不可欠となるのです。そうした状況が発生することをあらかじめ想定し、必要に応じて自分の恋愛のイメージを調整する準備をしておきましょう。

シェイクスピアは『真夏の夜の夢』の中で「真実の愛は決して順調に運ばない」と言っています。

実は、その言葉には重大な真理が含まれているのです。すなわち、いい関係は偶然には芽生えず、二人が絶えず調整に努めることではじめていい関係を築くことができる、ということです。

うまくいく愛し方

ときには妥協も必要。自分の考えに固執することなく、日々、愛のあり方を調整していこう。

31 新しい考えを受け入れるのを恐れない

二匹のカエルがいました。一匹は池の中に、もう一匹はすぐそばの道路脇の溝に棲んでいました。池の中のカエルは、溝が干上がりつつあると聞き、溝の中のカエルに会いに行って言いました。

「池に引っ越して快適な生活を送ろう」

ところが、溝の中のカエルは、応じません。

「何があったって、棲み慣れた場所から離れたくない」と。

まもなく、溝が干上がってしまいました。

真夏の炎天下、溝の中のカエルは、飲み水もなく、衰えて死んでしまいました。

つまらない理由で真実に背を向ける人や、自分より正しいものの見方や考えがあることを信じようとしない人、新しい考えを受け入れると、ひどい目にあうと思い込んでいる人、間違っていようがいまいが自分のものの見方にこだわりつづける人がいます。

そういう人にとっては、考えを守ることのほうが命を守ることより大切なのです。

あなたが正しいと信じていることも、ひょっとしたら、間違ったものの見方によるものかもしれません。思いどおりにいかないことがあるとしたら、そもそもの前提となるものの見方が間違っているからなのかもしれません。

考えを変えることを恐れてはいけません。新しい考えを受け入れることを恐れてはいけません。心を開いて新しい考えを受け入れる準備はできていますか？

うまくいく愛し方
心を開いて、新しい考えを取り入れてみよう。
新しい世界、新しい自分に出会えるかもしれない。

32 相手との相違点を「刺激」として楽しむ

正反対の人同士が魅かれ合うのはよくあることです。

けれども、自分とまったく違う人と円満な関係を築くことは可能でしょうか？

ほとんどの人は新しい経験を求め、いつもと違う楽しみを求めます。正反対の人同士が魅かれ合うのは、そういうわけです。

自分と正反対の人は、どことなく神秘的な雰囲気を漂わせています。

たとえば、人生が退屈だと感じている人が、冒険心に富んだ人に魅かれたり、おとなしい人が社交的な人に魅かれたりするのも、同じ理由によるものです。

では、自分と正反対の人との関係は、実際にうまくいくのでしょうか？

興味深いことに、それはうまくいきます。

ただし、相違点を埋め合わせるだけの共通点がある場合に、ほぼ限定されます。

それ以外の場合、二人の関係は波乱に富んだものとなり、短期間で終わってしまいがちです。

二人に共通点が十分にあるのなら、相違点はおたがいにとって心地よい刺激になります。その結果、二人はいつも相手に新鮮さを感じ、ますます強く結ばれるはずです。

うまくいく愛し方

相違点は新鮮さを生む。しかし、それ以上に、二人の共通点を大事にして関係性を築こう。

33 相手に「もっと」を求めるのをやめる

つねに心にさざ波が立つことなく、穏やかで快い状態でいられたらいいのですが、なかなかそういうわけにはいきません。

そして、もし自分の外見がもっと美しかったら、もっと気づかいができれば、お金持ちになったら、有名になったら、尊敬される職業に就いたら、今のように、すぐに緊張したり動揺したり、だれかと比較して萎縮したり嫉妬したりすることなく生きることができるのにと思います。

そして、同じように、相手にも「この人がもっと〇〇だったら……」と、今相手が持っていない要素を求めます。

でも、たとえ自分が求めていたものを手に入れても、満足していられるのはせいぜい数週間。あっというまに、またほかのだれかと比較し始め、新しい物やさらに高い条件を探し求めます。多くの人はこのプロセスを一生繰り返し、心の平和を得ることがありません。心の平和を得る秘訣は、実はとても単純です。心を乱すようなことをやめるだけです。

1　不快な感情や思考が起こったら、それを止める

怒りや恨み、憎しみなどのネガティブな思いは、心の平和の対極にあります。

2　相手をあるがままに受け入れる

相手の発言やふるまいに対する不満は、心の平和を乱すおもな原因になります。

3　相手に共感する

相手の間違いを許し、相手を責めるのではなく、理解するよう努めることです。

4　生活をシンプルにする

複雑なライフスタイルをシンプルなものに変えれば、心配事も減るものです。

5　自己中心的ではなく相手を中心に物事を考える

自分のことばかり考えるのをやめれば、自然に心の中が平和になります。

つまり、頭の中でささやかれるネガティブなおしゃべりを少しだけ止めてみるのです。

どうですか。

少し静かになりましたか？

うまくいく愛し方

心のざわざわをストップさせる五つの行動を意識し、心の平和を乱すその原因に気づこう。

34 自分がしてほしいと思うことを、相手にする

――自分がしてほしいと思うことを人にもしなさい。

これは、世界のおもな宗教に共通する数少ない教えのひとつで、「黄金律」と呼ばれます。そして、人間の行動の中でもっとも大切なルールのひとつといっていいでしょう。

いうまでもなく、ふつうの人ならだれでも、この教えに賛成するでしょう。その素晴らしさをほとんどの人が理解しています。もし全人類が黄金律に従って生きることを決意したら、たちどころに世界平和が実現するでしょう。

ところが、世界各地で紛争は絶えないし、周りを見回してみても、日々の生活の中でこれを実践している人はほとんどいません。

それは、おそらくあなたがそうであるように、相手もまた、まず、あなたからそれを実践してくれることを期待しているからです。

ここで大切な質問をしましょう。

もし自分が今、人にしているのと同じことを自分もされたら、どんな気持ちになると思いますか？

それでもそれをしつづけますか？

大切なのは、まず、あなたから、黄金律の教えを実践することです。

学校や職場や家庭で、自ら進んで黄金律の教えを実践することです。

周囲の人は最初のうちは戸惑いを感じるかもしれませんが、やがてあなたを尊敬し、信頼し、称賛することでしょう。さらに素晴らしいことに、あなた自身が、自分のことを、今よりはるかに好きになるはずです。

皮肉屋のマーク・トウェインは、こんなふうに言っています。

――つねに正しいことをしよう。
そうすれば、きっと喜んでくれる人たちがいるよ。
そうでなくても驚かすことはできる。

うまくいく愛し方

まず、あなたから、行動を変えてみよう。
行動を変えれば相手が変わり、やがて関係も変わる。

35 対等な関係を前提につきあう

恋愛や結婚をする前に、自分の理想とする関係性について、恋人やパートナーになる相手に伝えておきましょう。

もっとも重要なテーマのひとつは、「二人が対等であるということ」についてです。

かつて男女の役割は、おもに伝統によって規定されていました。実際、ほとんどの文化圏で、家事労働は女性、外に出て働く仕事は男性がそれぞれ担当してきました。しかし、時代が変わるにつれて、伝統的な境界線があいまいになってきています。

現在、女性が仕事を持ち活躍することは、当たり前の世の中となっています。そのため、家事労働の分担を考えることは必要不可欠です。

そこで大切になってくるのが、「どちらが何をすべきか？」ということ。

真のパートナーシップをめざすなら、利便性を考慮して家事労働を分担しなければなりません。もちろん、炊事・洗濯・掃除・育児といった具体的な役割分担はカップルによって異なりますし、同じカップルでも時間の経過とともに変化してきます。

とくに、共働きの場合、家事労働を分担することはたいへん重要です。対等な関係をめざすなら、家事労働も平等に分担すべきでしょう。

うまくいく愛し方

どちらか片方が不満をいだきつづけることを避け、具体的な分担方法について話し合おう。

36

どのような暴力も受けつけない

ふつう、わたしたちは暴力というと肉体的な暴力を思い浮かべますが、言葉の暴力も同じように傷つきます。

言葉の暴力の中でもっとも一般的なのは、相手をののしったり、辛らつな批判をしたりすることです。肉体的な暴力と同様、言葉の暴力もあなたの自尊心に深刻なダメージをおよぼします。

相手に暴力をふるう人は、自尊心が乏しくて強い劣等感を持っているため、自分より弱い人に怒りをぶちまけます。そういう人は、恋人やパートナーを一個の人格を持った人間として認めず、まるで自分の所有物のように扱う傾向があります。

肉体的な暴力も言葉の暴力も、心と体に深い傷あとを残します。

次の二つのことをよく覚えておきましょう。

1　どのような種類の暴力も受けつけてはいけない

2　どのような種類の暴力であれ、それを受けるに値する人はいない

うまくいく愛し方

言葉の暴力も、肉体的な暴力も、許してはいけない。
また、相手に対して、
自分もそのようなことをしてはならないと肝に銘じる。

37 相手がかかえる問題に無用な手助けをしない

恋人やパートナーが経済的な問題や感情的な問題をかかえているとき、あなたならどうするでしょうか。

「助けてあげてもうまくいかない」と自分を戒めるでしょうか。それとも、「自分なら助けてあげられる」と思うでしょうか。もしかしたら、全面的に問題解決を肩代わりしたくなるかもしれません。

けれども、遅かれ早かれ、あなたはいくら努力しても問題を解決できそうにないことに気づくでしょう。

その時点で、「相手はほんとうに自分で問題を解決できないのか、自分で問題を解決したくないだけなのか、どちらだろうか？」と自問する必要があります。

その答えがもし前者なら、あなたは今後も同じ経験をするはめになります。もし後者なら、二人の関係はまもなく破局を迎えるでしょう。

あなたは、助けを必要としている相手が無償労働を期待しているだけであることに気づくはずです。もちろん必ずしもそうとはかぎりませんが、その可能性はかなり高いものです。

あなたがどれほど真剣になっても、相手も真剣にならないかぎり、どのような問題も根本的な解決は望めません。問題をかかえている人と親密な関係を築きたくなったときは、そのことをよく覚えておきましょう。

うまくいく愛し方

相手の問題は、相手自身のもの。
あなたが解決しようとしても、その努力は実らない。

38 現実を直視する

「愛はすべてに打ち克つ」という格言があります。

どのような問題が起ころうと、二人の愛がそれを克服するという意味です。

なるほど、それはそのとおりです。ただし、経済的に深刻な問題が発生しないなら、という条件がつきます。


遅かれ早かれ、少なくともどちらか一方が働いてお金を稼ぎ、それによって二人の生活費を払い、さらに、場合によっては子どもを生み育てなければならなくなるからです。

また、もし稼ぎ手が失業したら、その状況に対処しなければならなくなります。

おたがいに愛し合っていれば、人生のさまざまな問題に対処するのが容易になります。

それについてはそのとおりなのですが、現実には愛だけではなかなかやっていけません。

二人で力を合わせて充実した人生を送るためには、確固たる経済的基盤が欠かせません。

二人が愛し合っていることがもっとも重要な要素であるのは事実です。

しかし、それだけで問題がただちに解決し、円満に暮らしていけるわけではありません。日々の問題を乗り越えるだけの強固な関係を築きたいなら、現実に目を向けることも必要です。

うまくいく愛し方

愛を持続させるために、
現実生活を営むための経済的努力を、
おたがいにしつづけること。

39 相手とじっくり話し合う

恋愛の問題が生じたとき、解決策を教えてくれる人はたくさんいます。

しかし、その中には、一度も恋愛をしたことがない人も含まれているかもしれません。

そういう人のアドバイスに耳を傾けることは間違ってはいませんが、あまり役に立ちません。

人はみな、複雑で個性的な存在です。したがって、恋愛をすると、その組み合わせの複雑さと難解さは何倍にも何十倍にもなります。

あなたの恋愛についてもっともよく知っているのは、あなた自身です。

どんなに仲のいい友だちですら、理解できないことがたくさん存在します。

また、多くの場合、ほかの人の解決策は、その人にとっての最善の解決策であるだけですから、それを自分の恋愛にあてはめようとすると、大きな災いを招くおそれがあります。

恋愛の問題を解決するのに役立つ提案をしましょう。

それは、相手とじっくり話し合うことです。

相手が解決策を持っているかどうかを見きわめましょう。あなたに言われるまで問題に気づいていないことさえあります。

いずれにせよ、ほとんどの場合、心を開いて話し合えば、問題は解決できるはずです。

うまくいく愛し方

むやみやたらと周りに相談せず、
まず相手と向き合おう。

40 間違ったアドバイスに気をつける

P108で、心を開いて新しい考えを受け入れようと言いましたが、注意しなければいけないこともあります。

自分を賢く見せたい、思いどおりに相手を動かしたい、自分の利益を確保したい、などの理由で、アドバイスをしてくる人もいるからです。

実際、ほとんどの人はアドバイスを受けるより与えることを好みます。

一般に、次の人たちのアドバイスは参考になりません。

1 問題をいっぱいかかえている人

自分の問題すら解決できずに困っている人に、他人に適切なアドバイスを与える能力があるのでしょうか？

2　あなたと同様の問題を経験したことがない人

自分が経験したこともない問題について、適切なアドバイスを与えることができるのでしょうか？

3　アドバイスに従わせて利益を得ようとしている人

自分の得を目的にしている人が、客観的なアドバイスをするでしょうか？

さて、占い師エカフは、自宅近くの露店で占いをして生計を立てていました。「人の運命を予言し、災難を未然に防ぐ力を持っている」というのが、彼のふれこみでした。でも実は、どうとでも解釈できるあいまいな回答をしてごまかしていたのです。

ある日、エカフがいつものように占いをしていると、妻が走ってきて「わたしたちの家が燃えているわ！」と叫びました。エカフは血相を変えて自宅へと向かいました。

その途中、ある男が彼に言いました。

「自分の運命すらわからないのに、他人の運命を予言できるのかい？」

あなたに適切なアドバイスを与えることができるのは、あなたと同様の問題を解決した人です。そういう人が見つからないなら、あなたのことを気にかけている人に相談することです。

ただし、そのアドバイスを受け入れるにしろ、受け入れないにしろ、その結果起こることは、あなた自身の責任であることは覚えておいてください。

うまくいく愛し方

アドバイスをしようとしてくる人が、
ほんとうに問題を解決できるかどうかはわからない。
自分の問題を解決できるのは、自分だけだと心得よ。

41 悪口を言う人から離れる

まことしやかにアドバイスしようとしてくる人たちに共通しているのが、「悪口を言う人」だということです。

だれでも人の悪いところは見たくないくせに、人の悪いところを言ったり聞いたりする誘惑にはなかなか勝てません。

とくに、だれかの恋愛や結婚、不倫などの「うわさ話」は大いに盛り上がるものです。「ここだけの話だけど」「絶対にないしょだよ」などといったセリフには、どうしても気をそそられてしまいます。

では、なぜ人は悪口を言ったり聞いたりしたがるのでしょうか？　そのおもな理由をあげます。

▼相手に注目されたい
▼人の不幸を聞いて自分のほうがましだと思いたい
▼人生が退屈なので、うっぷん晴らしをしたい
▼みなが羨望している人のことを自分のレベルにまでおとしめたい
▼評判を落として相手を傷つけたい

悪口を言う人は、精神的に不幸な人です。

もし仕事や遊びで充実感を得ているなら、人の悪口を言う必要は感じないはずですから。もし、人を悪く言ううわさ話に巻き込まれそうになったら、次の三つのことを思い出してください。

1　悪口は精神を堕落させる言葉の公害である

2　あなたに悪口を言う人は、よそへ行けば、あなたの悪口を言う可能性が高い

3　悪口を言うには二人の人間が必要だが、あなたがそのひとりになる必要はない

当然ですが、あなたからだれかの悪口を言うのは、論外です。それは、教養と品位のない人のおこなうことです。

悪口を言っているときの人の顔は醜いし、声は聞き苦しい。

それは、自分の中にある悪徳を暴露する行為です。

うまくいく愛し方

だれかの不幸な恋愛事情について話しても、不毛である。
自分の目で見て、自分の頭で考え、
今大切にすべき真実と愛に目を向けよう。

42 自分の気持ちを隠さず、言葉ではっきりと伝える

人生がうまくいかずに不満を感じることは、だれにでもあります。

そんなときは自分の気持ちを相手に理解してもらい、優しくなぐさめてほしいと思うものです。

けれども、残念ながら、多くの人は何も言わなくても理解してもらえると思い込んでしまっています。

わたしたちはよく、「だれも理解してくれない」と不満を漏らします。

しかしそれは、自分の要望をはっきり伝えていないからです。相手にしてみれば、それでは理解のしようがありません。

心を開いて相手とコミュニケーションをとりましょう。

相手があなたをほんとうに愛しているのなら、あなたの話に耳を傾け、あなたを理解しようと努め、あなたの要望にこたえようとするはずです。

もし相手があなたの話に耳を傾けようとしないなら、あなたは間違った人を、恋人やパートナーに選んでいます。

わたしたちはみな、複雑な感情を持つ存在です。

実際、ほとんどの人は自分すら十分に理解していません。ましてや、自分のことを他人に理解してもらうことは非常に難しいことなのです。

うまくいく愛し方

自分から心を開いて話そう。

話さなければ、相手はあなたを少しも理解してくれない。

43 うまくいっているカップルをお手本にする

わたしたちは、いいお手本を見つけて自分の生き方の指針にします。

しかし、いいお手本を見つけることが役に立つのは、自分ひとりの生き方にかぎったことではありません。

あなたとパートナーのカップルとしての生き方を模索するうえでも、たいへん役に立つ方法になります。

日ごろ多くのカップルを目にする中で、お手本にしたいカップルは一組とはかぎらないはずです。たとえば、あるカップルからは愛し合う方法を、別のカップルからはコミュニケーションの技術を、さらに別のカップルからは思いやりのある接し方を、それぞれ見習うといった具合です。

それに対し、悪い例からも教訓を学ぶことができます。たとえば、相手への思いやりが足りないカップルを見たら、絶対に見習ってはいけない態度として肝に銘じるべきです。

わたしたちの行動の多くは、後天的に身につけたものです。実際、人はみな、うまくいく行動をまねて、うまくいかない行動を避けようとします。

カップルの場合も同様です。できるだけいいお手本を選んで、その行動をまねてみましょう。そうすれば、円満な関係をさらに発展させることができます。

うまくいく愛し方

うまくいっているカップルは、
必ずうまくいかせるための努力をしているものである。

44

相手に対してつねに誠実でいる

恋愛でも、それ以外のことでも、誠実であることは人間関係の基本です。あなたは自分の言葉と行動をつねに一致させなければなりません。言動が一致していなければ、相手はあなたの何を信じていいかわからなくなってしまいます。

相手に了承してもらえる内容なら、正直になることは簡単です。

しかし、了承してもらえるかどうかわからないことについては、なかなか正直になれないかもしれません。

ウソをつく最大の理由のひとつは、相手の感情を害したくないからです。実際、「相手を傷つけたくなかった」という理由は、いかにも崇高な動機のように聞こえます。

この問題を簡単に解決するには、どうすればいいのでしょうか？

簡単です。ウソをつかなければならないようなことを最初からしなければいいのです。「正直は最善の策」ということわざがあります。それは、昔も今も、つねに真理です。

正直はすべての人間関係の基本であるだけでなく、相手があなたを信頼する唯一の理由だからです。

昔、ある賢者が「相手の言うことに耳を傾けよ。しかし、相手をよく知りたいなら、その人のしていることを見よ」という言葉を残しています。まさにそのとおりです。

うまくいく愛し方

「信頼を失うかもしれない」と思うようなことは、やめておくこと。そのときは隠し通せても、いずれ関係が破綻する原因になりかねない。

45 潔く責任を認める

「わたしのせいじゃない！」――よく聞く言葉のひとつです。人間は、明らかに自分の責任であっても、どうにか自分以外のもののせいにしようとする性質を持って生まれてきています。

その表面的な理由は、責任をとると、非難されたり、なんらかの償いをしなければならなくなるおそれがあるからですが、ほんとうの理由は別のところにあります。

それは、自分の間違いを認めることで、自分の人間としての価値が下がると思い込んでいることです。だから、自尊心の低い人ほど、責任逃れをしようとします。

ところが、責任逃れをすればするほど、ますます自尊心が低くなるのです。

その一方で、自分の間違いを潔く認める人たちもいます。優秀な経営者や成功者は、この人たちの中から現れます。彼らは自分のいたらなさを素直に反省し、犯人捜しよりも、まず解決策を探し求めます。さらに、自分の間違いを認めることにより、素直に、経験から教訓を学ぶことができますから、ますます優秀になります。自分の責任を認めることで、自分を磨くことができるのです。

では、潔く責任を認めるために必要なものは何でしょうか。

それもやはり、健全な自尊心です。健全な自尊心があれば、自分の間違いを認める勇気と余裕を持つことができます。そういう人は、自分の間違いを認めても自分の人間としての価値が下がるとは思っていないからです。

あなたの人生で起こることのほとんどは、それがよくても悪くても、すべてあなた自身の責任です。それを悟ることが知恵の出発点です。

うまくいく愛し方

自尊心を高め、自分の間違いを素直に認められる人になる。

46 偽りの人物を演じようとせず、いつも自分らしくある

わたしたちは、自分の愛する相手から魅力的だと思われたいと願っています。

そのため、ときには、その願望を達成するために不自然な行動をすることがあります。

たとえば、興味がないことに対して興味があるふりをしたり、逆に、興味があることなのに興味がないふりをしたりする、といったことです。あるいは、自分らしい服装や言動をするのではなく、相手の好きな服装や言動をすることもあります。

言いかえれば、ほんとうの自分ではない人物になりすましているのです。

偽りの人物を演じて恋愛をすることは、必ずと言っていいほど問題を引き起こします。

いずれ自分のウソを告白するか、今後も偽りの人物を演じつづけるかを選ばなくてはならなくなるでしょう。しかし、どちらもいい選択肢ではありません。

ほんとうの自分を押し殺してまでする価値のある恋愛はありません。

また、そこまでして恋愛する価値のある相手は存在しません。

相手を喜ばせるために、偽りの人物を演じるのはやめましょう。それは不誠実な態度です。

その昔、ある賢者は「ずっとそうでありたいと思う自分を通しなさい」と教えています。その言葉を胸に刻みましょう。

うまくいく愛し方

「愛を失いたくない」と思うあまり、
自分を偽りつづける人生を選択するのはやめよう。

4章　愛を大切にはぐくむ

47 二人の愛を育てつづける

愛をはぐくむプロセスは、二つの物質がうまく反応し合ってひとつの化合物をつくり出すのとよく似ています。

実際、愛し合っている男女の関係は、うまく反応し合う基本要素でできています。

それはいったい何でしょうか？

まず、おたがいを理解し、おたがいを信頼し、おたがいを尊敬し、おたがいに正直であることです。それらの基本要素がないなら、愛はつづきません。

それ以外にも、自分らしくある自由、自分の考えを表現する自由、人間として成長する自由も、二人の関係を発展させるうえで重要な基本要素です。

恋愛をしようと思うなら、以上のさまざまな基本要素を考慮しましょう。それらの要素がどの程度そろっているかによって、愛をはぐくめるかどうかが決まります。

うまくいく愛し方

愛をはぐくむ基本要素をつねに見直すこと。

48 正直に話し合える関係を築く

恋愛がうまくいくかどうかは、おたがいのコミュニケーション能力と密接な関係があります。なんでも自由に話し合えるカップルは、もし問題が生じても、それが大問題に発展する前に解決できることが多いのです。

それに対し、コミュニケーションがうまくできていないカップルは、敵対的な関係におちいることがよくあります。

二人の日常生活は、にらみ合いながら休戦しているようなありさまです。まさに一触即発の状況で、へたをすると別離か離婚という結果になります。

おたがいをよく知ってから恋愛するようになったなら、すでに十分に話し合ってきたのですから、コミュニケーションに支障をきたす理由はありません。

しかし、もし十分に話し合ってこなかったのなら、今こそコミュニケーションをとり始める絶好の機会です。

十分に話し合うことをいやがる理由の大部分は、そうすることによって自分の弱さがあらわになるのを恐れているからです。要するに、自分の心の奥底の感情をさらけだして相手にバカにされるのが怖いのです。

相手に自分の思いを洗いざらい話す必要はありません。むしろ、自分について秘密の部分を残しておいたほうが、二人の関係に刺激を与えることができるでしょう。

ただ必要なのは、二人の関係にとって大切なことについては、まっすぐ向き合って話をすることです。

うまくいく愛し方

心のガードを外して、十分にコミュニケーションをとろう。

49 健全に依存し合う

二人が健全に依存し合うというのは、どういう意味でしょうか？

カップルが最高の関係を築く秘訣、それは、両者がバランスをうまく保つことです。

理想的な恋愛は、あなたとパートナーが、それぞれ精神的に自立していながらも、深く愛し合い、依存し合うことによって成立します。二人はある程度依存し合いながらも、ひとりの人間として成長しつづける自由を楽しむことができます。


さて、そのような理想の関係にわたしたちはどれほど近づけるでしょうか？

人はみな、不完全な存在ですから、二人の関係も不完全なものになりやすいのです。

おたがいが成長せず、ずっと同じままでいなければならない関係であってはいけません。これは非常に大切なことです。

もしおたがいが個人としての成長を止めるなら、二人の関係も成長が止まるでしょう。

二人が精神的に自立しながら依存し合うのは、実際にはとても難しいことですが、これを目標にするだけの価値は十分にあります。

うまくいく愛し方

おたがいに成長し、自立心を高め、自尊心を磨くこと。

そのうえで寄りかかり合えるのが、理想の関係である。

50 相手の長所を見つける努力をする

ずっといっしょにいると、相手のでたらめな行動ばかりが目につくかもしれません。そんなときは、相手に不満や怒りをぶちまけたくなるものです。

けれども、そんなことをすれば、事態をますます悪化させてしまいます。

当然、あなたも相手も状況を改善したいと思っているはずです。では、どうすればいいのでしょうか？

相手の長所を指摘すればいいのです。相手があなたの気に入らないことをしたからといって、それをあげつらうと関係がこじれます。そんなときは相手の数ある長所の中の二つか三つを思い浮かべて、すぐに気持ちを切り替えましょう。

相手は長所を指摘されると、あなたの不満や怒りを感じることなく愛情を素直に受けとることができます。その結果、相手はあなたのポジティブな姿勢に心を開き、落ち着いて行動しますから、間違いを繰り返しにくくなるのです。興味深い事実があります。

▼だれでも相手をイライラさせることがあるが、必ず長所を持っている

▼相手の長所を指摘すれば、相手はそれをさらに伸ばそうとする

感情的になって相手に不満や怒りをぶちまけてはいけません。そんな衝動に駆られたときは、ポジティブな気持ちで相手に接しましょう。

うまくいく愛し方

相手のネガティブな要素ばかり言い立てるのではなく、まず相手のポジティブな要素をあげよう。

51 相手の長所をリストアップしておく

次の三つの質問を自分に投げかけてみましょう。

1　あなたが相手に魅かれた最初の理由は何か？
2　あなたがもっとも魅力を感じている相手の特徴は何か？
3　相手との関係が始まってから、あなたが発見した相手の長所は何か？

この三つの質問はどれもたいへん重要ですから、それぞれの答えを紙に書いて保管しておくといいでしょう。

二人の関係が深まり、長くつづいていれば、当然、相手に対してイライラしたり腹を立てたりすることもあるはずです。

そんなときは、相手の長所のリストを見て記憶を呼び起こしましょう。そうすることによって、相手に対してポジティブな気持ちになれますし、自分が相手を好きになった理由を思い起こすことができます。

できるだけ多くの機会を見つけて、相手への愛を伝えることが大切です。

「わたしがあなたを愛している理由は、あなたが○○○だからです」とはっきり言いましょう。

相手に愛を伝えるうえで、それは最高の表現方法のひとつです。

うまくいく愛し方

相手の愛すべき点をつねに伝えられるようにしよう。

52 愛情をつねに言葉にして伝える

二人の関係が円満なら、恋人やパートナーへの愛情の高まりを感じることがよくあるはずです。

そんなとき、それを抑圧してはいけません。

その感情は、相手への特別な贈り物なのです。

わたしたちは家事や仕事に追われ、毎日せわしなく暮らしているために、ともすると愛情を抑圧しがちです。

しかし、愛情の高まりを無視することは、愛を捨てるようなものです。

さらに具合の悪いことに、愛情を抑圧するたびに、愛というものに鈍感になっていきます。

愛情を感じたときは、それを心から歓迎すべきです。そして、それを相手にとって意味のある方法で、表現しましょう。

愛情はたいへん貴重な心の資源です。

それを有効に利用しないなら、二人のきずなを深めるチャンスを逃すことになります。

うまくいく愛し方
愛情の高まりを抑圧しないこと。
率直に愛を表現し合う習慣を持とう。

53 感謝の気持ちを伝える

しばらく恋愛がつづくと、相手のしてくれることに慣れてしまい、いつもそうしてもらえるものと思いがちです。

しかし、それは決して好ましい態度ではありません。

やがて相手は、自分がひとりの人格を持った人間としてではなく、まるで召使いのように扱われていると感じるからです。

相手に対して感謝の気持ちを感じているなら、それを心に秘めておく必要はありません。

相手もあなたと同じように、満たしてほしい要望と願望を持っています。相手があなたを喜ばせたり、あなたの生活を快適にしたりしてくれたときは、それに対する感謝の気持ちを伝えましょう。

相手の行為を率直に受けとめ、言葉ではっきりと感謝の気持ちを表現すればいいのです。

あなたが相手に感謝の気持ちを伝えると、自分の気分がよくなるだけでなく、相手の自尊心が高まります。しかも、相手は感謝してもらった行動を今後も繰り返そうとするはずです。

うまくいく愛し方

相手からの「思いやり」に鈍感にならないこと。
相手の行動を当たり前だととらえず、
つねに感謝の気持ちを伝えよう。

54 ときにはドラマチックに愛を伝える

ときには、サプライズを企画し実行しましょう。ただし、それは相手が百パーセント確実に喜んでくれるようなことでなければなりません。

しばらくいっしょに過ごしたなら、あなたは相手がどういうことに喜ぶかを知っているはずです。

ほんの少し例をあげてみましょう。

▼相手の好きな食べ物を用意する
▼素敵な音楽を聴かせる
▼映画を観る

▼コンサートに行く
▼ムードのあるレストランで夕食をとる
▼ドライブに出かける

相手がいつも単調な仕事をしているなら、二人の生活を喜びと驚きにあふれるものにする工夫が必要です。言葉を使わずに相手への愛情を表現するうえで、これ以上の方法があるでしょうか？

うまくいく愛し方
サプライズはふだんの日々を劇的に盛り上げてくれる。
どんなに長い関係であっても、必要であると心得よ。

55 ラブレターで想いを伝える

相手への愛を口頭で表現することは二人の関係を強くするのに役立ちますが、それ以外の方法でも愛を伝えることができます。ラブレターを送ることは、相手への愛の深さを伝える素晴らしい方法なのです。とくに、相手といつもいっしょにいることができない場合は、大きな効果を発揮します。

何を書けばいいのでしょうか？　格調の高い詩や美辞麗句は必要ありません。

たとえば、こんなシンプルなメッセージはどうでしょうか。

「あなたへの愛は日ましに強くなります」

「あなたと愛し合うことができて、とても幸せです」

「あなたは、わたしの人生の中で、もっとも大切な人です」

「わたしはこれからも、あなたといっしょに生きていきたいと思っています」

「いつもありがとう」というきわめてシンプルなメッセージでも、気持ちが十分に伝わります。あるいは、独自のメッセージを考えてもいいでしょう。

ラブレターの置き場所は、相手が確実に見つけられるところを選びましょう。愛読書の中にはさんでおく、コーヒーカップの中に入れておくなどいろいろな場所が考えられます。愛を口頭で伝えるのもとても大事なことですが、自分の想いをつづったラブレターは、何度も繰り返し読んでもらえる愛の証しになるのです。

うまくいく愛し方

ふだん口に出して言えないことこそ、ラブレターにしたためてみる。

56 相手の小さな功績も見過ごさず、称賛の気持ちを伝える

自分では「素晴らしいことをした」と思っているのに、だれにも気づいてもらえないのはたいへん悲しいものです。愛を長つづきさせたいなら、こういう事態は避けなければなりません。たとえ相手の功績がそれほど偉大でなくても、決してそれを見過ごしてはいけないのです。

相手が何かを成し遂げたと思ったら、それをたたえましょう。

たとえば、相手が昇進したり優秀な成績をおさめたりしたときは、心を込めてそれを称賛するのです。相手が素晴らしい恋人やパートナーであったり、子どもにとって素敵な親であったりしたときも同様です。

とはいえ、大げさなセレモニーをする必要はありません。素敵なお祝いカードを贈ったり、簡単なパーティーを開いたりするといった程度のことでも、相手を誇りに思っている気持ちが伝わります。

相手の心をつかむのがうまい人は、言葉より行動のほうがときには雄弁であることをよく知っています。

さまざまな行動を通じて相手の功績をたたえることは、愛を伝えるためのもっとも効果的な方法のひとつです。

うまくいく愛し方

相手の喜びを、心から喜ぼう。
共に長く人生を歩んでいくために。

57 相手をたくさんほめる

――ときおりだれかにほめてもらうことは、自尊心を維持するうえで不可欠だ。

これは、マーク・トウェインの言葉です。さらに、次のようにも言っています。

――今まで何度もほめてもらったが、もっともっとほめてほしい。

実際、世の中のすべての人が愛に飢え、周囲からの自分に対する低い評価に傷つき、十分に称賛されないことで悩んでいます。あなただけではありません。

では、もし、相手がそうであるならば、この状況を改善するために、あなたができることとは何でしょうか。

それは、相手をほめることです。

人はみな、ほめられることが好きです。ほめられることは、自分は正しいことをしたという確信につながります。ほめられる機会があまりにも少ないのですから、わたしたちはその埋め合わせをすべきなのです。

けれども、恩恵を受けるのは、ほめられる人だけではありません。意外に思うかもしれませんが、同時に、ほめる人自身も恩恵を受けます。

ほめ言葉には、「あなたは価値のある存在だ」というメッセージが込められています。人は、評価され称賛され愛されることを好みますから、ほめてくれる人に好意を寄せます。ほめられた人は、ほめてくれた人を慕うようになるのです。

ほめると言っても、大げさなほめ言葉は必要ありません。うわべだけの気持ちでほめるのもいけません。いずれも、むしろ有害です。

また見返りを期待してもいけません。そんなほめ言葉にはなんの価値もありません。

ほめるときは、優しい言葉や簡単なお礼で十分なのです。それが、真心を込めて、誠実な気持ちで発せられるものであれば。

ほめ言葉は、太陽の光のようなものです。

ほめられた人は、その温かさに感動し、いい気分になります。

寛大な気持ちで相手をほめる、ただそれだけのことで、あなたは世界を明るく照らすことができるのです。

うまくいく愛し方

ほめればほめるほど、草木が育っていくように、
おたがいの自尊心が育っていく。
そして、愛が深まる。

58

ほめ言葉を素直に受け入れる

相手が心を込めてほめてくれたとき、あなたはどう対応すべきでしょうか？

多くの人は、ほめ言葉を素直に受け入れるほど、自分のことが好きではありませんから、相手の発言をただちに否定します。「そんなにたいしたことじゃないよ」「これくらいだれでもできるよ」などが、お決まりのセリフです。

しかし、それはあまりいい対応ではありません。何かがうまくできたら、自分でそれを認め、相手のほめ言葉を素直に受け入れればいいのです。

たしかに謙虚さは美徳であり、傲慢な態度は慎むべきですが、だからといって、どうして相手のほめ言葉を拒絶する必要があるでしょうか？

相手のほめ言葉を拒絶することは、結果的に相手を拒絶することになります。

相手は愛情と称賛の気持ちを込めてほめているのに、それを拒絶されたら、今後、あなたをほめようという気持ちが失せてしまいます。

人はみな、「ほめられたい」という基本的な欲求を持っていますから、ほめられたときにそれを拒絶するのは重大な間違いです。相手のほめ言葉を素直に受け入れれば、気分がよくなって夢と希望がわいてきます。

相手をほめる習慣のあるカップルは、ますますきずなを深めることができています。今後、何かがうまくできたときに相手がほめてくれたら、ほほ笑みながら「ありがとう」とお礼を言いましょう。「あなたにほめてもらってうれしい」と素直に喜びを表現するのもいいでしょう。

うまくいく愛し方

謙遜せず、心からそのほめ言葉を受けとること。
ほめ言葉を糧に、愛情を豊かに育てよう。

59 謙虚さを保つ

ほめ言葉を素直に受け入れ、「ありがとう」と言ってみると、そのとき、自分の中に、自尊心の高まりを感じることができるはずです。そして、それができるのは、自分がうまく成したことを謙虚に受けとめる人です。

謙虚さとは、自分が劣っていることを認めることではありません。謙虚さとは、過大評価や過小評価をせずに、自分を正当に評価することです。

謙虚な人は「わたしは人並みです」と控えめに言います。一方、謙虚でない人は、「わたしは並はずれた能力（または容姿）の持ち主だ」と言います。傲慢の証しです。

謙虚さは、自尊心とは相いれないように思えるかもしれませんが、そんなことはありません。謙虚さこそが自尊心の基盤です。健全な自尊心を持っている人だけが、謙虚にふるまうことができます。自分の人間としての価値を認めているので、プライドを保つために自分を大きく見せて、偉そうにふるまう必要性を感じないのです。

謙虚さはまた、向上心にもつながります。謙虚な人は、どんなに業績をあげ、知識を持っていても、自分の未熟さと無知を痛感しています。だから、絶えず自分のいたらなさを改めることに努めます。

ヘレン・ケラーが謙虚さについて印象的なことを言っています。

――わたしは、自分が偉大で崇高な業績をあげることを願っています。しかし、わたしのおもな責務は、小さなことを、偉大で崇高な業績のように積み重ねていくことなのです。

うまくいく愛し方

正しい謙虚さを保ち、尊大にならないこと。

60 壊れた関係を修復する方法

どんなにうまくいっている関係でも、意見が合わずに言い争いになり、場合によっては腹を立てたり敵意をいだいたりする事態に発展することがよくあります。

そして、どうなるかというと……残念ながら、どちらとも、ひたすら、相手が謝ってくるのを待つ、というケースがあまりにも多いのです。心当たりがありませんか？

不幸なことに、二人とも「相手に非がある」と思っているので、相手が歩み寄ってくるのが当然だと思っています。向こうが謝ってきたら許してやってもいいと、どちらも一歩も譲りません。

その結果、ときには何か月も待ちつづけることになり、二人の関係は冷え込み、いずれ消滅します。

もし、二人が真に信頼し合える関係を築きあげつつあったのだとしたら、これほど不幸なことはありません。人生を共に歩むという喜びを失ってしまうことになるからです。

ここでよく考えてみましょう。

もし、あなたが、自分から謝罪することを拒むなら、あなたは関係を再開するより、「自分が正しい」という、あなたの考えを維持することを重視しているわけです。

けれども、「自分が正しい」という考えを守ることが、それほど大事なことなのでしょうか。

たいていの場合、答えはノーです。

では、どうすることが、もっとも理にかなっているのでしょうか。

いうまでもなく、相手との関係が自分にとって大切なら、率先してそれを修復することです。

電話する、会いにいく、手紙を書く、方法はいろいろあるでしょう。ともかく、あなたから謝りましょう。

あなたにそれができないなら、その人との関係は消滅することを覚悟すべきです。

相手から謝ってくる可能性は、かぎりなくゼロに近いのです。

たとえ、非があるのは、相手だと思っていたとしても、もし、その人との関係が大切なら、あなたから謝ることです。謝って相手を許すことです。

あなたが自分の正しさにこだわらなくなれば、相手は身構える必要がなくなりますから、態度を和らげ、相手もまた、あなたに謝るでしょう。

その結果、あなたは自分がほんとうの意味で正しいことをしたという満足感と自分に対する信頼、そして、失いかけた人生の喜びのひとつを取り戻すことになるはずです。

うまくいく愛し方

自分の気持ちは「箱」にしまい、自分から謝ろう。
それこそ最善の修復方法である。

61 毎日、ひとりで過ごす時間を持つ

二人の関係がどれほど円満で長くつづいたとしても、ひとりで過ごす時間を持つことはとても大切です。

人はみな、毎日、ひとりで過ごす時間を必要としています。その時間に何をするかは人それぞれですが、自分が楽しいと感じることであればいいのです。たとえば、読書をする、瞑想をする、絵を描く、電話で友人と会話をする、といったことです。

相手をどれほど愛していても、一日中いっしょにいるとイライラすることがあるかもしれません。

だからこそ、一日にほんの三十分でも離れて過ごす必要があるのです。そうすることによって、相手といっしょにいる時間がよりいっそう楽しく感じられるでしょう。

どのカップルにとってもいっしょに過ごす時間は絶対に必要ですが、それぞれがひとりでいられる時間も必要です。いつも相手といっしょにいると、ついついそのことを忘れがちです。

ひとりで過ごす時間を確保しましょう。そうすることによって、あなたは自分の欲求が、二人の欲求と同じくらい大切であることを確認できます。

うまくいく愛し方

ひとりの時間でしか、得られないものがある。
少しの離れている時間が、二人の愛を熟成させる。

62 二人でいっしょに笑う

笑いはわたしたちに多くの恩恵をもたらしてくれます。具体的には、ストレスの解消、不安の軽減、心身のリラックス、気分の高揚、高血圧の改善、免疫力の強化、健康の増進です。

では、いっしょに笑うことによって、どのように二人の関係を強化できるのでしょうか？　笑いを共有することは、親密さの最高の形態のひとつです。笑うと大らかな気持ちになって、心を開くことができます。実際、愉快な思い出を分かち合うことは、二人が親密な関係を維持するうえでとても重要です。

共通の経験をしていっしょに笑えば、楽しい気分になって二人のきずなを深めることができます。

笑いは二人を結びつけ、多くの障害を乗り越える強さを与えてくれるのです。

ほとんどの人は、ユーモアのない人よりユーモアのある人とつきあいたいと思っています。なぜでしょうか？　理由は簡単。ユーモアのある人は、わたしたちを笑わせてくれるからです。

ここで提案があります。二人がピンチに直面したときは、笑って打ち解けることができるきっかけを見つけましょう。苦しいときや悲しいときこそ、いっしょに笑うことが大切なのです。

うまくいく愛し方
笑い合うことができるきっかけをたくさんつくりだそう。
小さなことを笑い合える関係でいよう。

本当は、愛は盲目ではない。
眼帯を少しずらせば、
本当の姿を見ることができる。

エルバート・ハバード（アメリカの教育学者）

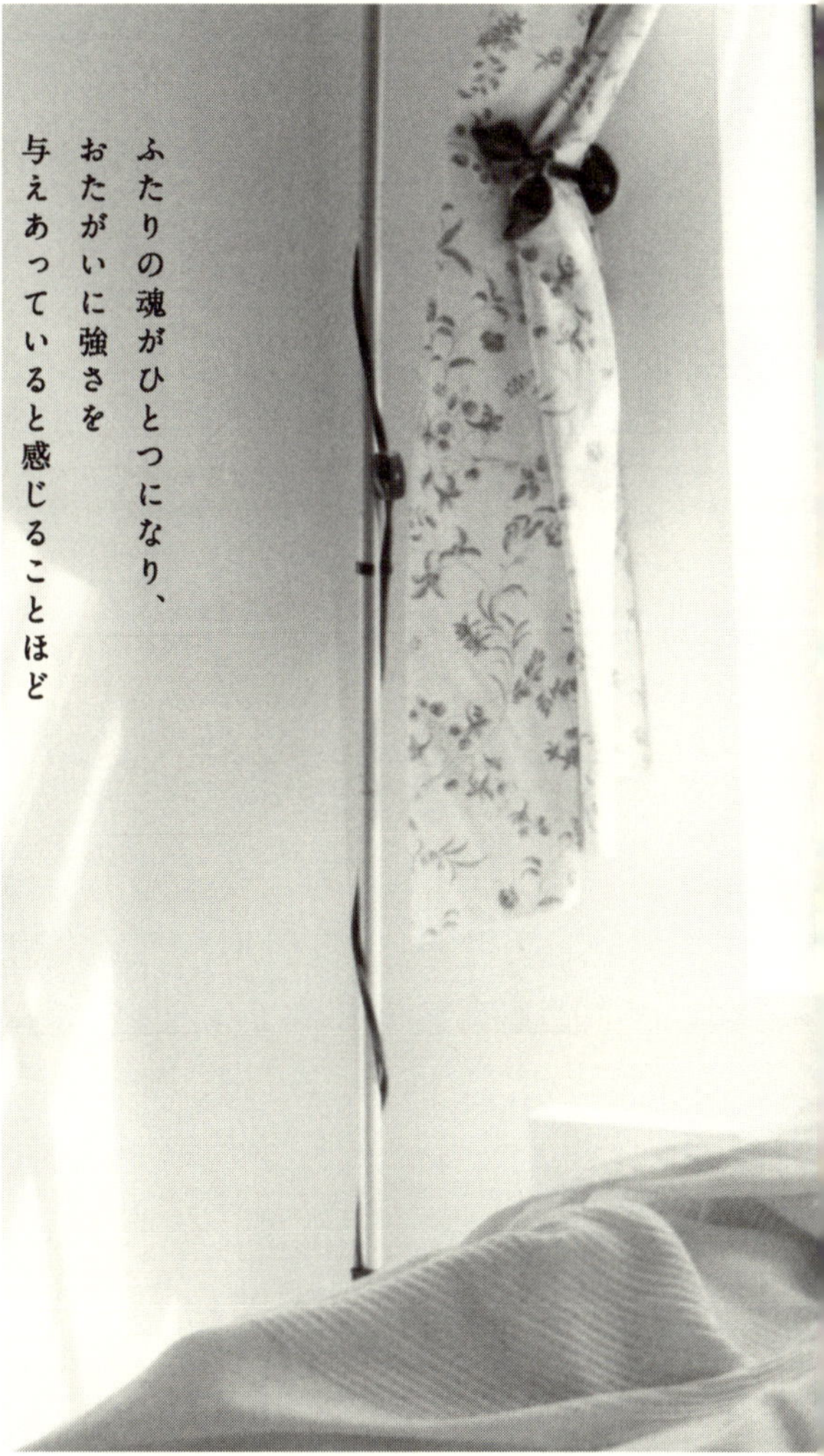

ふたりの魂がひとつになり、
おたがいに強さを
与えあっていると感じることほど
素晴らしいことがあるだろうか？

ジョージ・エリオット（イギリスの作家）

5章　ずっと愛し合う努力をする

63 おたがいの不完全さを受け入れ合う

よほど有害なものでないかぎり、相手の不完全さには寛容になりましょう。

完全な人を探し求めるのは時間と労力のムダです。

そんな努力をいくらつづけたところで、完全な人にめぐり合うことは不可能だからです。

あなたが心にとめておくべきことは二つあります。

第一に、あなたにも不完全な面があるということです。自分では気づいていないかもしれませんが、相手は確実に気づきます。

第二に、おたがい進歩の途上にあると考えることです。年齢を重ねて経験を積み、精神的に成長するにつれて、あなたは自分のいたらなさに気づくようになります。そしてそれが自分の欠点を直す機会にもなります。

人はみな、生まれつき不完全な存在です。したがって、相手が完全な人であることを期待するのは現実的ではありません。

うまくいく愛し方

自分の不完全さを認め、相手に寛容になる。

64 自分の感情をさらけ出し、相手の感情を受け入れる

一般に、男性は、笑われるのを恐れて自分の感情を相手に打ち明けるのをためらう傾向があります。「弱さを見せるのは男らしくない」と幼いころからしつけられてきたために、自分のそういった一面を隠すことが習慣になっているからです。

女性の場合もそれと似たような傾向があります。攻撃的な感情を隠すよう、幼いころからしつけられているからです。

しかし、自分の知られざる一面を相手と分かち合うことは、心穏やかに生きるうえでたいへん好ましい行為です。そうすることによって心が浄化され、感情を覆い隠したり罪悪感を持ったりする必要がなくなるからです。

おたがいの感情を分かち合うことは、ほんとうの意味で相手を知る素晴らしい方法で

す。そのとき、相手の感情を頭ごなしに否定したり批判したりせずに、相手の話にじっくり耳を傾けましょう。

相手にとって、それはとても切実な気持ちなのです。

うまくいく愛し方

相手を否定せず、批判せず、
そのままの感情を言葉にして伝え合うこと。

65 自分の考えを心に秘めずに共有する

多くの人は、自分の考えを相手と分かち合うことに苦痛を感じるようです。

理由はいろいろありますが、もっとも一般的なのは、自分の考えを打ち明けるのが照れくさい、うまく気持ちを表現できない、相手の気分を害するのが怖い、といったことです。

でも、いかなる理由であれ、自分の考えを相手と分かち合わないなら、二人が円満な関係を築くことは期待できません。

長くいっしょにいると、相手のことをなんでもわかっていると思いがちですが、それは必ずしも事実ではありません。今度、レストランで食事をするとき、周囲を見回すといいでしょう。自由闊達なコミュニケーションをとっていないカップルを観察すれば、気まずい沈黙が終わってくれるよう祈りながら、食事が運ばれてくるのを待っていることがわかるはずです。

なぜ、彼らは黙っているのでしょうか？

問題がすべて解決しているからではありません。

どちらも自分の考えの大部分を心の中に隠す習慣がついているために、心を開いて話すことができないのです。

相手との関係を維持し発展させたいなら、優良企業に学んで、定期的に二人の「会議」を開き、前向きな姿勢で意見交換をしましょう。そうすれば、絶えず改善に努めることができます。

うまくいく愛し方

相手との関係をよりよいものに発展させたいのなら、つねに語り合う機会を設けること。

66 批判の言葉に耳を傾けること

ほとんどの人は批判されることを好みません。恋人やパートナーに批判されるのは、なおさらのことです。そんなときは、どうすればいいのでしょうか？

その批判があたっていると思ったら、それを真剣に受けとめ、改善に向けて努力することを相手に伝えましょう。しかし、その批判が見当違いだと思ったら、具体的な説明を求めるべきです。それでも納得できないときは、自分の見解を説明すればいいのです。

恋人やパートナーに批判されたときの心構えを紹介しましょう。

1　相手が何かを要望しているときは、じっくり耳を傾ける

2　言い訳をするのではなく、その問題を成長の機会ととらえる

3　相手への報復として言い返すようなことをしない

4　腹を立てたり感情的になったりしない

批判されたからといって、人格を攻撃されたわけではありません。ただ、行動の一部を改善してほしいと要望されただけです。相手の意見が納得できるものなら、指摘された行動を改善しましょう。

うまくいく愛し方

耳の痛いことを言ってくれる人は少ないもの。
相手からの言葉を成長のチャンスととらえよう。

67 自分の正しさに固執しない

二人の意見が一致しないとき、どちらが正しいかを決めることは、どれほど大切でしょうか？　多くのカップルは、何らかの事柄において、どちらが正しいかをはっきりさせようとして延々と言い争います。

この場合、重要な問題とささいな問題の二種類があります。

重要な問題とは、間違った選択をすると深刻な事態が発生しかねない事柄のことです。ときには、それは生死を分けることとすらあります。

ささいな問題とは、どちらが正しくてもあまり関係のない事柄のことです。日常生活では、ほとんどのことがささいな問題に該当します。

実際、ほとんどの場合、正しいかどうかはあまり大切ではありません。

「自分はつねに正しくなければならない」という信念に取りつかれている人は、自尊心を高めることによってその思い込みを解くことをおすすめします。

ひんぱんに口論をすると、やがて二人の関係はぎくしゃくします。

ささいな問題について相手と口論しそうになったら、「どちらが正しいかをはっきりさせることは、二人の関係を発展させるよりも大切だろうか？」と自問するといいでしょう。

うまくいく愛し方

どちらが正しいかにこだわるのではなく、
二人の未来にとって有益な言葉と行動を選ぼう。

68 ちょっとした不快な言動も控えるようにする

ほとんどの場合、相手との関係を徐々にむしばみ始めるのは、大きな問題ではなく小さな問題です。

よくあるのは、配慮を欠く、けなす、いやみを言う、乱暴な言葉づかいをする、利己的なふるまいをする、といったことです。

相手の長所を強調すれば相手への愛情を深めることができますが、短所を強調すればそれと正反対の結果になります。それを何度も繰り返しているうちに相手への愛情が薄れて、ネガティブな感情を持つようになるのです。こういう破壊的な言動をつづけているうちに、二人のあいだに溝ができ、それがしだいに深まっていきます。

おたがいにとって価値のある存在なのですが、そうした言動をしているうちに、そのことを見失ってしまうのです。いったんそうなると、二人の関係は悪化の一途をたどります。

こうした負のスパイラルは、どうすれば防げるのでしょうか？

当然、最初からそういう言動をしないのが一番です。

肉親同士がひんぱんに言い争う家庭に育った人はとくに、その習慣が恋愛に大きなダメージをおよぼすということを心に刻んでおきましょう。

うまくいく愛し方

不快な言動が重なりつづければ、愛は冷めていく。

自分の短所に開き直ることなく、改善の努力をしよう。

69 相手のいやなところを人前で指摘しない

一部の人は、カップルで友人や知人といっしょにいるときに、みんなの前で相手のいやな部分を指摘すれば、相手にそれを変えさせることができると思い込んでいます。しかし、人前で相手に恥をかかせれば、そのいやな部分を変えさせられると期待するのはたいへん奇妙な論理です。

たしかに恥をかかせることはできるでしょう。しかし、そうすることによって、あなたの望みどおりに相手が変わるかどうかは疑問です。それどころかますます意固地になって、その行動に固執するおそれがあります。

相手のいやな部分については、あくまでも二人で解決すべき問題です。第三者の同意を求める必要はありません。

この種の言動は、人前で相手に恥をかかせてプレッシャーをかけることを目的にしています。しかし、それは目標を達成するうえでたいへんまずいやり方です。

うまくいく愛し方

相手に恥をかかせても、相手が変わることはない。
二人の関係に、他者を巻き込まないこと。

70 相手を大切に扱い、八つ当たりをしない

恋人やパートナーとはなんの関係もない状況で不愉快な思いをしたとき、あなたはどのようにふるまうでしょうか?

すぐそばにいるという理由でパートナーに怒りをぶちまけるか、その感情を引き起こした原因に意識を向けるか、どちらでしょうか?

一部の人は、人生のさまざまな問題を大人として対処する術をまだ学んでいません。ですから、身近な人に怒りをぶちまけてしまいやすいのです。

しかし、なんの関係もない相手にあたり散らすのは、まったくの見当違いです。

本人が問題を引き起こしたのでないかぎり、怒りのほこさきをパートナーに向けるべきではありません。

具合の悪いことに、あなたが怒りをぶちまけることによって、相手はあなたをなぐさめたり、助けたりする気持ちを失ってしまうのです。

怒りを感じたときは、その怒りとはなんの関係もない相手に八つ当たりをするのではなく、それを引き起こした問題に意識を向けるようにしましょう。

そうしなければ、問題が起こるたびに二人の関係がゆらぐことになります。

うまくいく愛し方

あなたが抱える問題は、あなたひとりで解決すべきである。
それができなければ、大切な味方を失いかねない。

71 二人の関係を深めることにのみ力をそそぐ

人生は選択の連続です。わたしたちは、両立しえない事柄に絶えず直面します。相いれない二つのものをほしくなっても、どちらか一方しか選べないのが人生の現実なのです。

つまり、両立しない二つのことに出くわしたとき、一方を選んだら、必然的に他方をあきらめるということを意味するのです。

にもかかわらず、一部の人は両方を手に入れようとします。ほとんどの場合、どちらも十分に得られずに終わってしまうのが実情です。

相手と相思相愛になると、心も魂も充実して生きることができます。しかし、そういう恩恵を受けることができているにもかかわらず、ときには元の自由な生活にあこがれてしまうものです。

人生では数々の難問に遭遇しますが、これもそのひとつです。

いったん特定の相手と恋愛をしたら、二人の関係を発展させるためにもっとも重要な行動だけを選び、それと相いれない行動は厳に慎みましょう。

うまくいく愛し方

スリルや新鮮さに惑わされないようにしよう。
もっとも大切な真実を見失わないこと。

72 小さな犠牲を何度でも払う

二人の仲がぎくしゃくするのは、何かをする方法について意見が分かれるからです。どちらも「自分の方法が一番いい」と信じていますから、そのやり方を押し通そうとします。

こういう問題は、どうやって解決すればいいのでしょうか？

ひとつの解決策は、妥協することです。意見が対立している人たちを歩み寄らせて合意にいたらせるために、調停人がよく使うテクニックです。調停人は妥協点を探るために、双方に要求の一部を撤回するよう説得します。これと同じ原理を、恋愛についても適用すればいいのです。

あなたはパートナーとの争いを、平和裏に解決するために、妥協する必要があります。

たとえば、相手があなたの要求を聞き入れるかわりに、あなたも相手の要求を聞き入れるといった具合です。公平におこなわれれば、このやり方はたいてい功を奏します。

人間関係ではギブ・アンド・テークの必要が何度もあります。

恋愛でも同様です。恋愛を成功させたいなら、双方が小さい犠牲を何度でも払う必要があります。

うまくいく愛し方
パートナーといい関係を築くために、
おたがいのバランスをとろう。

73 相手の立場を考え、広い心でゆるす

どれほど賢くて真面目な人でも、ときには相手をがっかりさせるようなことをしてしまうものです。それがあなたであれ相手であれ、そんなときは「では、どうすべきか？」と自問しましょう。どちらかが間違いを犯したときに考慮すべきことは次のとおりです。

1 自分も相手も不完全な存在である
2 人はみな、後悔するようなことをしてしまいやすい
3 人はみな、自分が間違いを犯したときに相手に許してほしいと思っている
4 おたがいに相手を許すだけの心の広さを持つべきである

かつて、ある賢者は「すべてを理解することは、すべてを許すことである」と言いました。相手の立場に立って考えることができれば、なぜ相手がそういう行動をとったかについて理解を深めることができるでしょう。

では、相手が「ごめんなさい」と言ったとき、あなたはどう対応すべきでしょうか？ほとんどの場合において、「あなたを許します」がもっとも適切な答えです。

もちろん、一部の人は心から反省していても同じ間違いを何度も繰り返す傾向があります。その場合、相手とじっくり話し合うことが一番の解決策です。もし相手があなたとの関係を維持しようと真剣に思っているなら、問題行動を変えるために誠心誠意努力するはずです。

うまくいく愛し方

広い心を持ち、話し合おう。

問題を二人のものとしてとらえ、乗り越えること。

74 無条件に愛する

恋人やパートナーを無条件に愛してください。

無条件の愛とはどのようなものでしょうか。

条件付きの愛なら、だれでもよく知っています。「あなたがわたしの望みを叶えてくれれば愛してあげる」というものです。交換条件といってもいいでしょう。

それに対し、無条件の愛とは、「あなたがどういう状況にあっても、わたしはつねにあなたを愛する」というものです。

大切な人を無条件に愛する人たちは、相手の欠点に気づいていないわけではありません。欠点があることを知っていても、相手を心から愛しているのです。

だれかを無条件に愛することは、たいへん難しいように思えるでしょう。

すぐにできなくても自分を責める必要はありません。

相手を無条件に愛することを最終目標にして、それに向けて、絶えず努力すればいいのです。

最初のうちは戸惑うかもしれませんが、やがて相手もあなたを無条件に愛するようになるはずです。

うまくいく愛し方
心から愛すること。
自分から、惜しみなく愛情をささげること。
そこから素晴らしい愛の物語が始まる。

おわりに

ある意味で、恋愛は子育てに似ています。共通しているのは、思い描いているほどなまやさしいものではない、というところです。

学校も家族も恋愛の仕方は教えてくれません。だれも恋愛のマニュアルなんて持ってはいませんから、試行錯誤を繰り返しながら、どうすればうまくいくかを自分で見つけ出す以外に方法はありません。

残念ながら、わたしたちが恋愛について信じていることのほとんどは、幻想です。恋愛や結婚をするまでは、恋愛は楽しくて刺激的なものだと思っています。ですから、現実はそう甘くないことに気づいた人は、ショックを受けるのです。

愛を長つづきさせるためには、喜んで努力をする必要があります。愛し合う関係を維持することは、ときに労働なのです。恋愛をすれば、それまで簡単だと思っていた多くのことが実際には至難のわざであることに気づくでしょう。恋愛は大きな喜びと幸せをもたらしてくれますが、うまくいかなければ悪夢になります。

二人の関係は繊細な植物にたとえることができます。

恋愛や結婚の始まりは、いわば種まきです。

そのあと、水と肥料を与える必要があります。おろそかにすれば枯れてしまいますが、心を込めて大切に育てれば、すくすくと成長します。

読者のみなさんが恋愛や結婚を実り豊かなものにするうえで、本書がお役に立てれば幸いです。

ジェリー・ミンチントン

本書は2015年に刊行された『たったひとつの愛をそだてる50のレッスン』、『あなたがなりうる最高のあなたになる方法』より抜粋、編集し、携書化したものです。

ディスカヴァー携書 211

うまくいっている人の愛し方

発行日　2019年　3月30日　第1刷

Author　ジェリー・ミンチントン
Translator　弓場隆

Book Designer　ニュートラルデザイン　廣田敬一
Photographer　冨永よしえ

Publication　株式会社ディスカヴァー・トゥエンティワン
〒102-0093　東京都千代田区平河町2-16-1 平河町森タワー11F
TEL　03-3237-8321（代表）03-3237-8345（営業）
FAX　03-3237-8323
http://www.d21.co.jp

Publisher　干場弓子
Editor　大山聡子

Marketing Group
Staff　清水達也　小田孝文　井筒浩　千葉潤子　飯田智樹　佐藤昌幸
谷口奈緒美　古矢薫　蛯原昇　安永智洋　鍋田匠伴　榊原僚
佐竹祐哉　廣内悠理　梅本翔太　田中姫菜　橋本莉奈　川島理
庄司知世　谷中卓　小木曽礼丈　越野志絵良　佐々木玲奈
高橋雛乃

Productive Group
Staff　藤田浩芳　千葉正幸　原典宏　林秀樹　三谷祐一　大竹朝子
堀部直人　林拓馬　松石悠　木下智尋　渡辺基志

Digital Group
Staff　松原史与志　中澤泰宏　西川なつか　伊東佑真
牧野類　倉田華　伊藤光太郎　高良彰子　佐藤淳基

Global & Public Relations Group
Staff　郭迪　田中亜紀　杉田彰子　奥田千晶　連苑如　施華琴

Operations & Accounting Group
Staff　山中麻吏　小関勝則　小田木もも　池田望　福永友紀

Assistant Staff　俵敬子　町田加奈子　丸山香織　井澤徳子　藤井多穂子
藤井かおり　葛目美枝子　伊藤香　鈴木洋子　石橋佐知子
伊藤由美　畑野衣見　井上竜之介　斎藤悠人　宮崎陽子
並木楓　三角真穂

Proofreader　鷗来堂
DTP　朝日メディアインターナショナル
Printing　共同印刷株式会社

本書へのご意見ご感想は下記からご送信いただけます。
http://www.d21.co.jp/contact/personal

ISBN978-4-7993-2434-9
　携書ロゴ：長坂勇司